▶ Startklar!

Technik
Differenzierende Ausgabe

Herausgegeben von
Bernd Meier

Erarbeitet von
Olaf Czech
Ulf Holzendorf
Johannes Lehmke
Bernd Meier
Dieter Mette

Mit Beiträgen von
Matthias Künzel
Heidi Traue
Christian Vater

Dieses Buch gibt es auch auf www.scook.de Es kann dort nach Bestätigung der Allgemeinen Geschäftsbedingungen genutzt werden.

Buchcode: **pen7e-hxuvh**

Oldenbourg Schulbuchverlag, München

Mit „Startklar" Technik lernen

Liebe Schülerin, lieber Schüler,

wenn du an Technik denkst, fällt dir vielleicht ein Smartphone ein, mit dem man nicht nur telefonieren kann. Technik begegnet uns aber darüber hinaus an vielen Stellen im Alltag. Technik steckt auch im Radio, das dich mit Musik und Nachrichten versorgt. Technik hat ebenso mit der Fußgängerampel zu tun, die dir einen sicheren Weg signalisieren soll. Technik benötigt Energie – das kann Muskelkraft sein oder aus einer elektrischen Quelle stammen. In diesem Buch stecken viele Informationen von der Arbeitsplanung und der handwerklichen Tätigkeit über die Energieversorgung bis hin zur modernen Elektronik. Du wirst hier auch einige Bauanleitungen und Experimente kennenlernen.

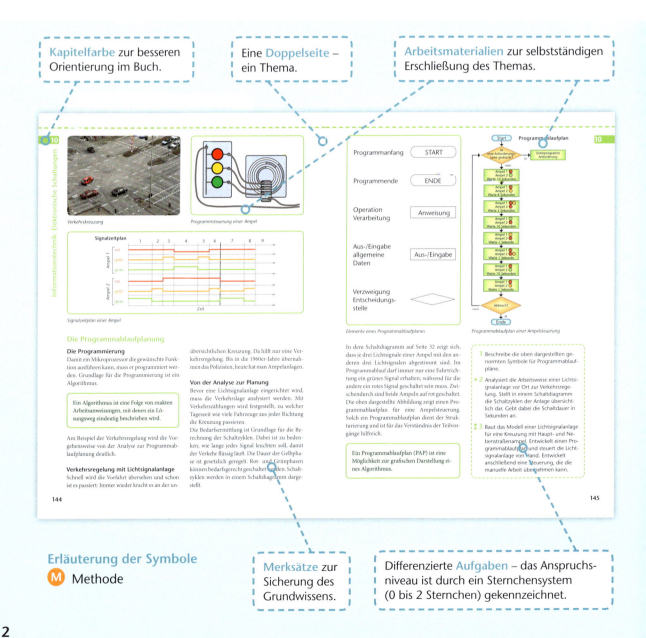

Kapitelfarbe zur besseren Orientierung im Buch.

Eine Doppelseite – ein Thema.

Arbeitsmaterialien zur selbstständigen Erschließung des Themas.

Erläuterung der Symbole

Ⓜ Methode

Merksätze zur Sicherung des Grundwissens.

Differenzierte Aufgaben – das Anspruchsniveau ist durch ein Sternchensystem (0 bis 2 Sternchen) gekennzeichnet.

Mit „Startklar" Technik lernen

Das kann ich! – Wissen anwenden

Mit deinem Schulbuch kannst du nicht nur lesend Wissen erweitern, sondern auch experimentierend umsetzen, was du gelernt hast.

Jedes Kapitel besteht aus informativen Seiten (siehe verkleinerte Beispielseite links unten) und aus Kompetenzseiten (siehe unten). Diese Kompetenzseiten zeigen, was besonders wichtig ist: Sie greifen ein zentrales Thema des Kapitels auf und vertiefen es. Manche Zusatzinformationen findest du deshalb nur hier. Die Liste wichtiger Begriffe gibt an, was du unbedingt wissen musst. Wenn du die Aufgaben lösen kannst, weißt du, dass du Expertin/Experte bist. Denn für die Lösung setzt du das Wissen, das du dir im Verlauf des Kapitels angeeignet hast, in die Praxis um.

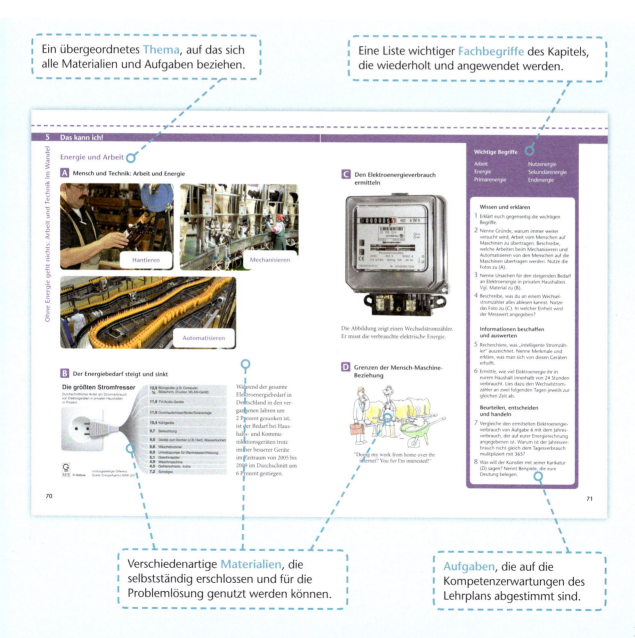

Ein übergeordnetes Thema, auf das sich alle Materialien und Aufgaben beziehen.

Eine Liste wichtiger Fachbegriffe des Kapitels, die wiederholt und angewendet werden.

Verschiedenartige Materialien, die selbstständig erschlossen und für die Problemlösung genutzt werden können.

Aufgaben, die auf die Kompetenzerwartungen des Lehrplans abgestimmt sind.

Inhalt

1 Sicherheit am Arbeitsplatz — 7

Ordnung und Sicherheit am Arbeitsplatz … 8
Vorschriften für Ordnung und Sicherheit in den Technik-Fachräumen … 12
Das kann ich! Arbeitssicherheit … 14
Wir gestalten ein Werkzeug-Domino … 16

2 Arbeit muss geplant werden — 17

Eine Produktidee entwickeln … 18
Eine Idee nimmt Formen an … 20
Technische Darstellungen – die Sprache der Technik … 22
Technische Zeichnungen anfertigen … 24
Ansichten und Maße … 26
Material auswählen und Arbeitsschritte planen … 28
Erkundung einer Tischlerei … 30
Das kann ich! Skizzieren und Zeichnungslesen … 32
Wir erarbeiten eine Mindmap … 34

3 Arbeitsmittel auswählen und gebrauchen — 35

Messen, anreißen und prüfen … 36
Fertigen: Vielfältige Verfahren nutzen … 38
Trennen durch Sägen … 40
Trennen durch Raspeln und Feilen … 42
Trennverfahren Bohren und Schleifen … 44
Fügen … 46
Beschichten … 48
Das kann ich! Produkte fertigen … 50
Der ideale Entwurfsprozess: Von der Idee zum Produkt … 52

4 Alltagsgegenstände konstruieren und fertigen — 53

1 Einen Beachballschläger fertigen … 54
2 Ein Insektenhotel bauen … 56
3 Mobiles Spielzeug für den Kindergarten … 58
4 Es muss nicht immer Holz sein – Vogelfutterautomat aus Kunststoff … 60
Wir bewerten unseren Alltagsgegenstand … 62

5 Ohne Energie geht nichts: Arbeit und Technik im Wandel — 63

Ohne Energie läuft nichts … 64
Energie und Arbeit … 66
Energieträger und Energieformen … 68
Das kann ich! Energie und Arbeit … 70
Wir lesen ein Schaubild: Zusammensetzung von Energiekosten … 72

Inhalt

6 Vielfältige Nutzenergien im Haushalt — 73

- Technik und Energie im Haushalt — 74
- Sicherheit beim Umgang mit elektrischen Geräten — 76
- Energiefressern auf der Spur — 78
- Energiekosten ermitteln — 80
- Die persönliche Energiebilanz — 82
- Entwicklungstendenzen der Energiewirtschaft — 84
- Das kann ich! Energie wirksam nutzen — 86
- Technik bewerten — 88

7 Auf dem Weg zu einer sicheren und umweltverträglichen Energieversorgung — 89

- Probleme der Energieversorgung weltweit — 90
- Endlichkeit der Ressourcen – Energiekrise in Sicht? — 92
- Energiegewinnung in Kraftwerken — 94
- Energie aus Wind und Wasser — 96
- Energie aus Biomasse und Kernkraft — 98
- Geothermie: Erdwärme aus der Tiefe — 100
- Sonnenenergie: Solarthermie und Fotovoltaik — 102
- Das kann ich! Energieumwandlung — 104
- Januskopf Technik: Pro-und-Kontra-Debatte — 106

8 Experimente zum sparsamen Umgang mit Energie im Haushalt — 107

- 1 Experimente zur Installationstechnik – Lampenschaltungen im Haushalt — 108
- 2 Experimente zur Beleuchtungstechnik – Glühlampen und Energiesparlampen testen — 110
- 3 Experimente zum Verhältnis von Aufwand und Nutzen – der Wirkungsgrad — 114
- Wir lösen Probleme durch naturwissenschaftlich-technische Experimente — 116

9 Technische Innovationen — 117

- Von der Arbeits- zur Informationsgesellschaft — 118
- Technologische Entwicklung und Innovation — 122
- Das kann ich! Arbeit und Technik im Wandel — 124
- Wir beurteilen Technik und schätzen ihre Folgen ab — 126

10 Informationstechnik: Elektronische Schaltungen — 127

Entwicklung der Informationstechnik 128
Prinzip der Informationsübertragung 130
Bauelemente der Elektronik 132
- Der Widerstand 132
- Der Kondensator 133
- Dioden 135
- Der Transistor 137
- Integrierte Schaltkreise (IC) 138
- Sensoren 139

Rechnen mit 0 und 1 142
Die Programmablaufplanung 144
Automatisierte Produktion 146
Das kann ich! Informationsübertragung und elektronische Bauelemente 148
Wir stellen eine Platine her 150

11 Informations- und Kommunikationstechnik — 151

Mit Mobilfunk immer online 152
Informationstechnische Netewerke 156
Internet: Chancen und Risiken 158
Das kann ich! Information und Kommunikation 160
Wir analysieren technische Systeme 162

12 Elektronische Schaltungen entwickeln und analysieren — 163

Projekt: Lichtempfindlicher Baustellenblinker 164
Projekt: Elektronischer Würfel 166
Projekt: Linienfolger 170
Fehlersuche in elektronischen Schaltungen 172

Glossar 173
Stichwortverzeichnis 180
Bildquellenverzeichnis 183
Textquellenverzeichnis / Impressum 184

Sicherheit am Arbeitsplatz   1

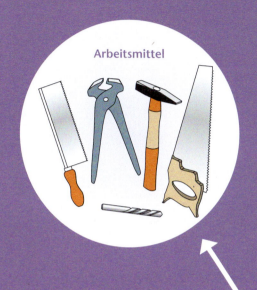
Arbeitsmittel

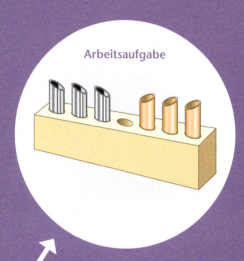
Arbeitsaufgabe

Sicherheit an den Arbeitsplätzen im Technikfachraum

Arbeitskleidung

Arbeitstätigkeiten

Sicherheit am Arbeitsplatz

Arbeitsplätze in einer Werkstatt

Ordnung und Sicherheit am Arbeitsplatz

Sicherheitsbewusstes Verhalten

Der Technikunterricht findet in Fachräumen statt. Im Technik-Fachraum wirst du nicht nur lernen, wie in anderen Unterrichtsfächern, sondern auch arbeiten. Oder noch besser gesagt: Du wirst arbeitend lernen.

Die Technik-Fachräume unterscheiden sich von anderen Klassenräumen durch ihre besondere Ausstattung mit Werkzeugen und Maschinen.

Damit kein Schaden entsteht, ist es besonders wichtig, dass du dich diszipliniert verhältst. Zu Beginn des Unterrichts wird dir ein Arbeitsplatz zugewiesen, an dem du in diesem Schuljahr arbeiten wirst. Hier findest du einen Schraubstock und wichtige Werkzeuge vor, für deren Vollständigkeit und Funktionstüchtigkeit du mit verantwortlich bist.

Kontrolliere am Anfang der Unterrichtsstunde, ob die Werkzeuge an deinem Arbeitsplatz vollständig sind und ihr Zustand in Ordnung ist. Melde der Lehrkraft, wenn etwas fehlt oder kaputt ist. Lege während der Arbeit die von dir benutzten Werkzeuge immer geordnet ab, damit sie nicht beschädigt werden. Achte besonders darauf, dass sie nicht über die Werkbank ragen, denn dann können sie herunterfallen und dich und andere verletzen.

Sicherer Umgang mit Arbeitsmitteln

Vielleicht gibt es in deinem Technik-Fachraum eine Werkzeugwand, Kästen oder Schränke mit weiteren Werkzeugen. Frage immer um Erlaubnis, bevor du die verschiedenen Arbeitsmittel benutzt.

> Werkzeuge, Maschinen und Hilfsmittel werden als Arbeitsmittel bezeichnet. Sie sind teuer. Gehe deshalb sorgsam damit um.

Während der Arbeit in den Fachräumen darfst du deinen Arbeitsplatz nur verlassen, wenn die Arbeitsaufgabe das erfordert. Hinterlasse deinen

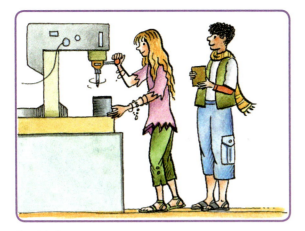
So nicht!

Zweckmäßige Arbeitskleidung

Arbeitsplatz am Ende des Unterrichts so, wie du ihn vorfinden möchtest.
Denke daran, dass auch andere Schülerinnen und Schüler hier arbeiten. Im Technikunterricht muss wie in einem Betrieb bei Schichtwechsel alles in einwandfreiem Zustand übergeben werden. Im Technikfachraum wirst du einige Maschinen entdecken. Sie zu benutzen, ohne sich richtig auszukennen, kann gefährlich sein.

> Schalte eine Maschine erst nach ausführlicher Einweisung und Erlaubnis durch die Lehrkraft ein.

Die Arbeitskleidung
In einer Werkstatt ist es nie ganz sauber, auch wenn alle Schülerinnen und Schüler stets auf Ordnung achten und ihre Arbeitsplätze gewissenhaft reinigen. Denn bei der Arbeit mit Werkzeugen und Maschinen entstehen Späne und Schmutz. Deshalb brauchst du zweckmäßige Arbeitskleidung: Eine Schürze schützt deine Kleidung vor Verschmutzungen. Achte auch darauf, dass deine Arbeitskleidung eng anliegt und Schürzenbänder oder Jackenärmel nirgends hängen bleiben oder in Maschinen geraten können. Aus dem gleichen Grund musst du vor der Arbeit auch Schal, Uhr und Schmuck ablegen. Außerdem sind feste Schuhe wichtig, da sie vor Verletzungen durch herunterfallende Werkzeuge oder Werkstücke schützen.

Bei manchen Arbeiten, z. B. beim Bohren, musst du Schutzbrille und Kopfbedeckung tragen. An der Handhebelschere ist sogar ein Schutzhelm nötig. Wenn du scharfkantige Materialien aus Metall anfasst, sind Arbeitshandschuhe wichtig.

> Zweckmäßige Arbeitskleidung schützt dich vor Schmutz und Verletzungen.

Die Arbeitsaufgabe
Im Technikunterricht arbeitest du mit einer Reihe von Werkzeugen. Es ist wichtig zu wissen, wie sie genau heißen. Deshalb könnte deine erste Arbeitsaufgabe die Herstellung eines Dominospiels sein, auf dem die Werkzeuge und die richtigen Bezeichnungen abgebildet sind. Die Anleitung für die Herstellung des Dominos steht auf Seite 16. Da weder dein Werkstück noch die Werkstücke anderer Schülerinnen und Schüler an einem Tag fertig gestellt werden können, müssen sie im Fachraum gelagert werden. Alle anderen erwarten genauso wie du, dass ihr Werkstück während dieser Zeit nicht beschädigt wird. Wir gehen deshalb sorgsam mit allen Werkstücken um.

> Arbeitsaufgaben beschreiben den Zweck der Arbeit. Aufgaben sind beispielsweise Konstruieren und Fertigen; Reparieren oder Ausbessern, Montieren und Warten.

Sicherheit am Arbeitsplatz

Arbeitsplätze zur Bearbeitung von Werkstoffen

Arbeitstätigkeit Sägen mit der Feinsäge

Arbeitstätigkeiten sicher ausführen

Egal, welches Werkstück du herstellst, du wirst dazu immer Werkzeuge oder sogar Maschinen einsetzen, um Arbeitstätigkeiten zu verrichten. Welche das sind, hängt von der Arbeitsaufgabe, von der Größe, von der Form und ganz besonders vom Werkstoff deines Werkstückes ab. Typische Arbeitstätigkeiten sind beispielsweise Anreißen, Sägen, Feilen, Schleifen.

> Zum Erfüllen von Arbeitsaufgaben sind verschiedene Arbeitstätigkeiten notwendig. Hierbei müssen Sicherheitsregeln beachtet werden.

Benutze die Werkzeuge erst, nachdem ihre Handhabung erklärt wurde. Setze sie nur für den Arbeitsgang ein, für den sie bestimmt sind. Geht ein Werkzeug kaputt, darfst du es nicht weiterverwenden. Übergib es deiner Lehrkraft. Es muss aussortiert werden, damit sich niemand verletzt. Solltest du dich trotz aller Vorsicht verletzen, melde das sofort der Lehrerin, da die Verletzung behandelt werden muss. Wenn Schmutz in die Wunde kommt, kann das schlimme Folgen haben. Informiere dich, wo in eurer Werkstatt der Verbandsschrank hängt. Ein Unfall muss auch in das Unfallbuch eingetragen werden, damit der Versicherungsschutz gewährleistet ist.

Um Unfälle zu vermeiden, ist es außerdem wichtig, dass du langsam durch die Werkstatt gehst, wenn du deinen Arbeitsplatz wechseln musst. Achte dabei darauf, dass du deine Mitschüler nicht anstößt und nicht fällst. Nimmst du Werkzeuge mit zu einem anderen Arbeitsplatz, halte sie stets nach unten, damit du niemanden mit scharfen Schneiden verletzen kannst. Beim Sägen, Schleifen, Raspeln, Feilen, Stemmen oder Bohren entstehen Späne. Entferne sie immer mit einem Handfeger, Pinsel oder Staubsauger. Wenn du sie wegpustest, können sie in die Augen eines Mitschülers fliegen, wischst du sie mit den Händen weg, kannst du dir Splitter einziehen.

> Vermeide Unfälle durch sicherheitsbewusstes Arbeiten.

Für manche Arbeitsschritte nutzt du auch Maschinen, die mit elektrischer Energie angetrieben werden.
Der Umgang mit Maschinen erfordert besondere Vorsicht. Lass dich nicht ablenken, während du an der Maschine arbeitest. An Maschinen soll generell nur eine Person arbeiten. Für Notfälle gibt es in der Werkstatt mindestens einen Not-Aus-Taster. Informiere dich, wo er sich befindet, damit du ihn bei Gefahr betätigen kannst. Du betätigst ihn, indem du ihn drückst.

Warnzeichen

Warnung vor einer Gefahrenstelle

Verbotszeichen

Mäntel, Jacken und Taschen stören im Werkraum

Keine Chemikalien in den Ausguss!

Warnung vor gesundheitsschädlichen oder reizenden Stoffen

Gebotszeichen

Rettungszeichen

Hinweis auf Gefahrenzonen

Warnung vor gefährlicher elektrischer Spannung

Not-Aus-Taster

Erste-Hilfe-Schrank

Zeichen zur Arbeitssicherheit

Der Not-Aus-Taster unterbricht die Zufuhr der elektrischen Energie, die Maschine bleibt stehen und es dreht sich nichts mehr.

> Drückst du den Not-Aus-Taster ohne Grund, ist das Missbrauch.

Zeichen für Sicherheit

Im Technikraum sind verschiedene Zeichen angebracht, die wir in den anderen Schulräumen nicht finden. Die Abbildung oben zeigt dir typische Zeichen: Die Warnzeichen weisen dich auf besondere Gefahren hin. Verbotszeichen dagegen machen deutlich, was nicht erlaubt ist. Gebotszeichen zeigen dir, was du tun musst, um dich zu schützen, und Rettungszeichen kennzeichnen beispielsweise Verbandsschrank und Fluchtwege. An den Farbunterschieden kannst du die Zeichen gut erkennen.

> 1 Die Abbildung oben zeigt Sicherheitszeichen. Skizziere weitere, die in der Schule angebracht sind, und informiere dich über ihre Bedeutung.

1 Vorschriften für Ordnung und Sicherheit in den Technik-Fachräumen

Sicherheit am Arbeitsplatz

Werkstatt-Ordnung

1. Wir betreten die Werkstatt nur in Begleitung der Lehrkraft.
2. Wir laufen in der Werkstatt nicht unnötig umher.
3. Wir tragen arbeitsschutzgerechte Kleidung und legen vor Beginn der Arbeit Armbanduhr und Schmuck ab.
4. Wir essen und trinken in der Werkstatt nicht.
5. Wir kontrollieren vor Beginn der Arbeit unsere Werkzeuge sorgfältig und melden jede Beschädigung.
6. Wir legen Werkzeuge und Materialien sicher und geordnet ab.
7. Wir bedienen Maschinen nur mit Erlaubnis und vorheriger Einweisung durch die Lehrkraft.
8. Wir legen beim Verlassen des Arbeitsplatzes die Arbeitsmittel unfallsicher ab.
9. Wir beachten die Sicherheitskennzeichen.
10. Wir wissen, wo sich Verbandskasten und Not-Aus-Taster befinden.
11. Wir melden der Lehrkraft jede Verletzung. Auch bei leichten Verletzungen ist stets Vorsicht geboten. Alle Verletzungen müssen sofort behandelt und zur Kontrolle in das Verbandsbuch eingetragen werden.
12. Wir reinigen unseren Arbeitsplatz gründlich und legen alle Arbeitsmittel gereinigt und unfallsicher ab.
13. Wir entsorgen die Abfälle entsprechend der Mülltrennung.

Musterarbeitsplatz

M **Unser eigenes Lernspiel**

André berichtet von einem Gedächtnis-Spiel, das er in der Grundschule gern gespielt hat. Die Klasse beschließt, zum Thema Sicherheit und Arbeitsschutz im Technikfachraum selbst ein solches Spiel zu gestalten. Dazu nutzen sie den Computer. Alle einigen sich auf die Größe der Spielkarten. Nachdem die Schülerinnen und Schüler in einem Text- oder Grafikprogramm zwei gleich große Rechtecke gezeichnet haben, wählt jeder aus dem Text auf den Seiten 6–10 einen Schwerpunkt aus und gestaltet dazu Karten entsprechend der Abbildung oben. Ein Kartenpaar besteht aus einer Verhaltensregel und ihrer Begründung.

1. Gestalte ein Deckblatt für deine Aufzeichnungen. Zeichne dazu technische Geräte, die dir im täglichen Leben besonders wichtig sind.

2. Schreibe wichtige Sicherheitsvorschriften zum Verhalten im Technik-Fachraum in deinen Hefter.

★ 3. Gestaltet euer eigenes Gedächtnis-Spiel zum Thema Sicherheit und Arbeitsschutz im Technikfachraum.

1 Das kann ich!

Sicherheit am Arbeitsplatz

Arbeitssicherheit

A Sicherheitszeichen

Rot und rund

Gelb und dreieckig

Grün und rechteckig

Blau und rund

C Aber so nicht!

D Richtig gekleidet?

B Unsichere Sicherheit?

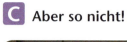

„Sicher ist, dass nichts sicher ist.
Selbst das nicht."
Joachim Ringelnatz (1883 – 1934)

E Für den Notfall vorbereitet sein

1. Schriftfeld enthält: das Wort Feuerlöscher, die Füllmenge, Art des Löschmittels und dessen Löschvermögen.
2. Schriftfeld enthält: die Bedienungsanleitung in Schriftform und als Piktogramm, ebenso die Brandklassen, für die der Feuerlöscher geeignet ist.
3. Schriftfeld enthält: Warnhinweis für den Gebrauch bei elektrischen Anlagen.
4. Schriftfeld enthält: Beschreibung des Löschmittels, des Treibmittels, des Funktionsbereiches, Nummer der Anerkennung und Typenbezeichnung.
5. Schriftfeld enthält: Angaben zum Hersteller

Die Abbildung zeigt einen Feuerlöscher. Die in einem Feuerlöscher verwendeten Löschmittel sind aufgrund ihrer Löschwirkung nur für bestimmte Arten von Bränden geeignet.

F Schuld sind immer die anderen?

Wichtige Begriffe

Arbeitsmittel
Arbeitskleidung
Not-Aus-Taster
Sicherheitszeichen
Werkstattordnung

Wissen und erklären

1 Erklärt euch gegenseitig die wichtigen Begriffe.

2 Ordne die einzelnen Zeichen den entsprechenden Gruppen zu und unterscheide dabei zwischen Verbot, Gebot, Warnung und Hinweis. Erläutere, was die Zeichen aussagen. (A)

3 Gerade beim Arbeiten an Maschinen treten Gefahren auf. Nenne die Fehler, die die Schülerin beim Arbeiten an der Bohrmaschine macht. (C)

Informationen beschaffen und auswerten

4 Paul meint, Arbeitsschutzgesetze sollen vor Arbeit schützen. Finde heraus, was die Ziele von Arbeitsschutzgesetzen sind. Nenne zwei Ziele.

5 Ermittle, wo sich der nächste Feuerlöscher für Euren Technik-Fachraum befindet. Analysiere die auf jedem Feuerlöscher ausgewiesenen fünf Schriftfelder. Erläutere, wie und wo der Feuerlöscher im Gefahrenfall eingesetzt werden muss (E).

6 An die Arbeitskleidung werden in den verschiedenen Berufen unterschiedliche Anforderungen gestellt. Nenne wichtige Anforderungen an eine zweckmäßige Arbeitskleidung für einen Tischler. Nutze auch (D). Vergleiche die Anforderungen mit den Anforderungen für eure Arbeitskleidung im Technik-Fachraum. Begründe Gemeinsamkeiten und Unterschiede.

Beurteilen, entscheiden und handeln

7 Was will der Zeichner mit seiner Karikatur (F) sagen? Nennt Beispiele, die eure Deutung belegen.

8 Setzt euch mit der Aussage des Schriftstellers und Kabarettisten Joachim Ringelnatz (B) auseinander. Begründet eure Meinung.

Sicherheit am Arbeitsplatz

1

 Wir gestalten ein Werkzeug-Domino

Ihr könnt zeichnen oder am Computer arbeiten.
Ihr braucht eine Tabelle mit zwei Spalten und fünf Zeilen (oder mehr für mehr Dominosteine).

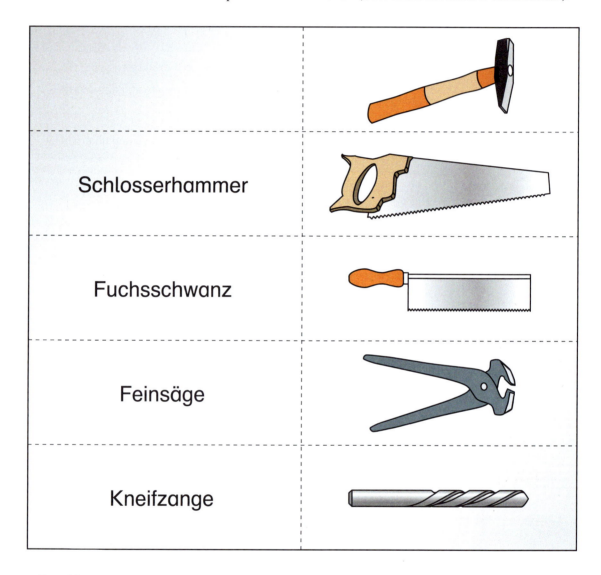

Alle Felder müssen gleich groß sein. Im rechten oberen Feld wird ein Werkzeug abgebildet. In das linke Feld der folgenden Zeile schreibt ihr seinen Namen. In das rechte Feld daneben zeichnet ihr dann wieder die Abbildung eines Werkzeuges usw.
Stimmt euch in der Klasse ab, welche Werkzeuge jeder in sein Domino aufnimmt. Die Werkzeugnamen im ersten Feld müsst ihr mit eurem Nachbarn abstimmen. Hier steht die Bezeichnung seines letzten Werkzeugs, damit am Ende alle Domino-Steine zusammenpassen.
Kopiert eure Entwürfe und laminiert die Seiten. Schneidet zeilenweise auseinander. Ihr könnt die ausgeschnittenen Streifen mit Kraftkleber auf passend gesägte Spielsteine aus Sperrholz aufkleben. Dann hält euer Spiel länger und auch andere Schüler können es nutzen.

Arbeit muss geplant werden 2

Arbeit muss geplant werden

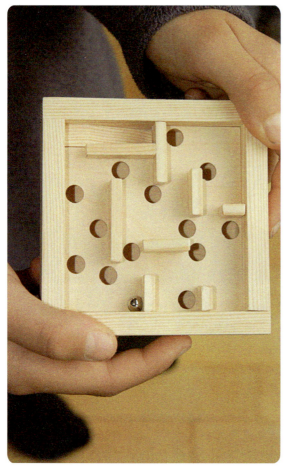

Ist das eine Produktidee für uns?

Eine Produktidee entwickeln

Worauf kommt es an?

Ob ein Gummistiefel rot oder blau ist, ist Geschmackssache, nur dicht muss er sein und gut passen.
Jedes Produkt muss bestimmte Kriterien erfüllen: Es muss gut funktionieren, uns gefallen und die Qualität muss stimmen.

> Damit ein gutes Produkt entsteht, müssen Kriterien gegeben sein.

Die Klasse 5 b der „Schule am Rosenhain" will ein Kugellabyrinth fertigen. Bei ihrem oben abgebildeten Kugellabyrinth wären Funktionskriterien wie „die Kugel passt durch die Gänge" oder „es gibt einen Weg vom Start zum Ziel" denkbar.

Für die Herstellung wären Qualitätskriterien wie zum Beispiel „feste Verbindungen" „rechtwinklig und parallel" oder „glatte Oberfläche" passend. Diese Kriterien müssen klar sein, bevor mit der genauen Planung des Werkstücks begonnen werden kann. Bei der Herstellung weißt du, worauf du besonders achten musst, und was bei der Bewertung des Werkstückes überprüft wird.
Hat man mehrere Kriterien gesammelt, kann man diese nach ihrer Wichtigkeit sortieren.
Außer den Kriterien für das Werkstück gibt es noch weitere wichtige Kriterien, auf die du achten solltest. So ist es beispielsweise auch wichtig, wie gut du mit deinen Mitschülern zusammenarbeitest, ob du konzentriert bist oder ob du deinen Arbeitsplatz in Ordnung hältst.

Vorgaben Kugellabyrinth

Pflicht:
- Es gibt einen Weg vom Start zum Ziel!
- Erst eine Planung mit Zeichnungen erstellen!
- 2 verschiedene Fügeverfahren einsetzen!

Wahl:

Leicht	Schwer
- wenig Bohrungen	- viele Bohrungen
- wenig Wände	- viele Wände
- eine Etage	- mehrere Ebenen
- mittlere Größe	- ganz klein oder groß
	- besondere Hindernisse

Eigene Lösungen finden

Trotz vorgegebener Aufgabenstellung lässt ein Produkt oft viele Möglichkeiten der Ausgestaltung zu. Ob Form, Farbgestaltung oder Konstruktion, es gibt meistens leichtere oder aufwändigere Lösungen. Das abgebildete Kugellabyrinth lässt viele Varianten zu: zwei oder drei Etagen, groß oder klein, viele oder wenige Bohrungen, verschlungenes oder einfaches Labyrinth und vieles mehr. Doch nicht jede Möglichkeit ist die richtige für dich. Wenn du eine zu einfache Lösung wählst, langweilst du dich schnell und lernst nichts Neues dazu. Ist deine Variante zu schwer, kannst du dein Werkstück nicht sauber und rechtzeitig fertigstellen und überforderst dich.

Ein guter Weg ist auch, mit einer einfachen Variante zu beginnen und diese später noch zu erweitern. Wenn du bei Entscheidungen unsicher bist, hilft ein Gespräch mit einem Mitschüler oder deiner Lehrkraft. Frage ruhig einmal nach, wie andere deine Überlegungen einschätzen.

> Kann man zwischen verschiedenen Schwierigkeitsstufen wählen, ist es wichtig, das eigene Können ehrlich einzuschätzen.

1. Stellt gemeinsam die Kriterien für euer Werkstück in einer Übersicht zusammen. Einigt euch auf wichtige und weniger wichtige Kriterien.
2. Stelle einem Mitschüler oder einer Mitschülerin deine Überlegungen zur Gestaltung des Werkstücks vor. Höre dir die Meinung dazu an.
3. Schreibe auf, was du dir beim Herstellen des Werkstücks besonders vornimmst. Schreibe in der Ich-Form und beschreibe deine Vorsätze möglichst genau.

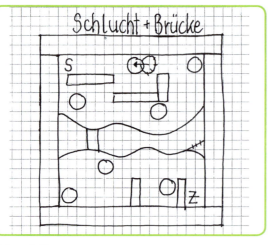
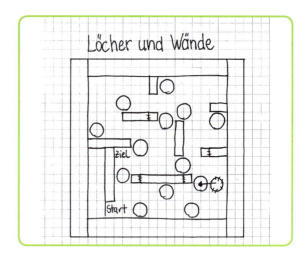

Entwurfsskizzen

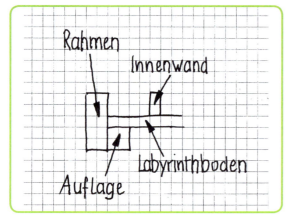
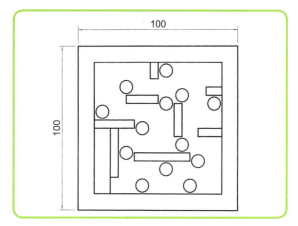

Detailskizze *Technische Zeichnung*

Eine Idee nimmt Formen an

So soll es aussehen!

Noch sind alle Überlegungen nur in geschriebener Form festgehalten. Jetzt ist es Zeit für die ersten Skizzen und Zeichnungen, denn durch Zeichnen klärt man wichtige Fragen zum Werkstück im Vorfeld.

> Durch Skizzen und Zeichnungen erhält man eine klare Vorstellung von Form und Größe des geplanten Werkstücks.

Es gibt verschiedene Arten von Darstellungen, die dir bei technischen Arbeiten helfen.
Entwurfsskizzen sind erste Entwürfe, die freihändig gezeichnet werden. Das Erstellen mehrerer Entwürfe hilft, die grobe Form und das Aussehen des Werkstücks zu bestimmen. Entwurfsskizzen sind einfach und schnell zu zeichnen.
Detailskizzen helfen, einzelne Probleme im Aufbau des Werkstücks zu klären.
Technische Zeichnungen geben wie auch die technischen Skizzen Auskunft über die genauen Maße des Werkstücks. Für sie gibt es genaue Regeln und Normen, die allgemein gültig sind. Zeichenprogramme am Computer unterstützen dich beim Zeichnen. Wenn du die verschiedenen Zeichnungen sorgfältig angefertigt hast, kannst du dich bei der Fertigung ganz auf die praktische Arbeit konzentrieren. Bilder und Zeichnungen sind in vielen Berufen alltägliche Arbeitsmittel, egal ob Autowerkstatt, Arztpraxis oder Architekturbüro.

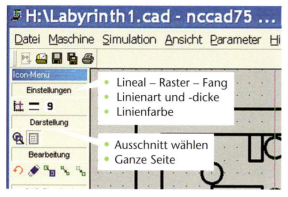
Einstellungen

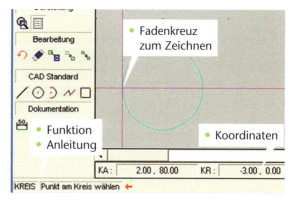
Bedienung

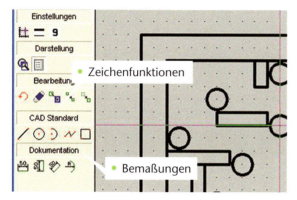
Funktionen

Bearbeiten

Zeichnen am Computer

Zeichenprogramme am Computer bieten viele Vorteile:

- Genaues Zeichnen
- Leichtes Verändern, Kopieren, Verschieben
- Schneller Ausdruck
- Einfügen von genormten Zeichnungsteilen
- Verwendung verschiedener Linienstärken und Farben
- Schnelles Versenden und Vervielfältigen

> Der Computer ermöglicht genaues Zeichnen, das leicht bearbeitet werden kann.

Die Bedienung des Programms lernst du am besten, indem du direkt am PC zeichnest. Zunächst sind einige Grundfunktionen wichtig, die sich je nach Programm hinter verschiedenen Befehlen verbergen:

- Speichern und öffnen.
- Linienstärke und Linienfarbe einstellen.
- Raster und Rasterfang einstellen.
- Linien, Figuren, Kreise zeichnen.
- Mit den Koordinaten umgehen.
- Markieren, löschen, verschieben und kopieren.

Später kannst du noch weitere Funktionen oder Normen dazulernen, wie zum Beispiel Maße einzeichnen, verschiedene Ansichten zeichnen oder zeichnen im Maßstab.

> **1** Erkläre, warum technische Zeichnungen nach Grundnormen erstellt werden müssen.
>
> ★ **2** Sammelt in Zeitschriften oder im Internet Bilder oder Zeichnungen, die technische Gegenstände zeigen. Vergleicht die Darstellungen miteinander.
>
> ★ **3** Skizziere dein Kugellabyrinth in der Ansicht von oben.

Eine technische Darstellung enthält wichtige Angaben zum Herstellen und Kontrollieren von Werkstücken. Zum Beispiel können Form und Größe aus der Darstellung entnommen werden.

Eine technische Darstellung dient dem Veranschaulichen von Inhalten, die mit Worten nur schwer auszudrücken sind: R 12 beschreibt die Rundung.

Eine technische Darstellung dient dem Aufzeigen von technischen Varianten zur Gestaltung eines Werkstücks.

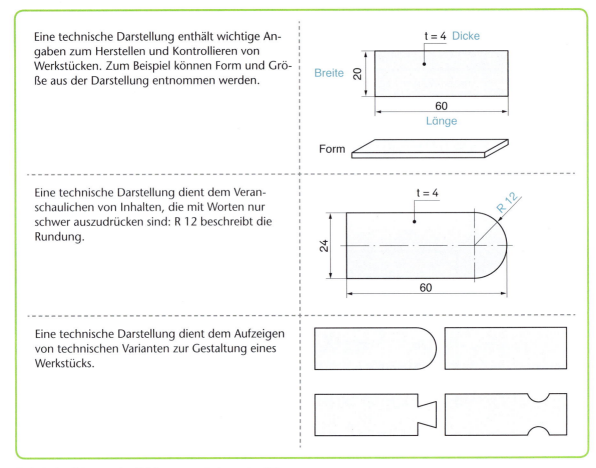

Technische Skizzen oder Zeichnungen sind zweckmäßig

Technische Darstellungen – die Sprache der Technik

Skizzen anfertigen und lesen

Beim Skizzieren des Kugellabyrinths hast du vermutlich festgestellt, dass gewisse einheitliche Regeln für die zeichnerische Darstellung günstig wären, und zwar vor allem dann, wenn auch andere eine Skizze lesen müssen, um auf dieser Grundlage zu fertigen.

Skizzen und Zeichnungen sind im Handwerk und in der industriellen Produktion weltweit eine wichtige Arbeitsgrundlage. Sie haben den Vorteil, dass relativ kurz und genau wichtige Informationen ausgetauscht werden können. Damit der Austausch funktioniert, hat man sich auf bestimmte Regeln und Normen geeinigt. Auch wir wollen Regeln und Normen anwenden, damit jeder unsere Skizze lesen kann.

Zur Herstellung unseres Werkstückes benötigen wir eine technische Skizze oder eine Zeichnung.

> Skizzen und Zeichnungen sind typische technische Darstellungsformen. Sie werden durch Normen vereinheitlicht.

Die *technische Skizze* entsteht mithilfe eines Stiftes und meist freihändig. Die Größenverhältnisse müssen stimmen. Sie kann auf kariertem Papier ausgeführt werden.

Die *technische Zeichnung* muss klar und eindeutig lesbar, sauber und maßstäblich gezeichnet sein. Sie wird mit Lineal und anderen Hilfsmitteln angefertigt.

Linienart	Linienbreite	Darstellung	Anwendung
Volllinie, breit	0,7	————	Sichtbare Körperkanten
Volllinie, schmal	0,35	————	Maßlinie, Maßhilfslinien, Schraffuren, kurze Mittellinien, Biegelinien
Freihandlinie, schmal	0,35	∼∼∼	Begrenzung von unterbrochenen Darstellungen
Strichlinie, schmal	0,35	- - - - - -	Verdeckte Körperkanten
Strichpunkt-Linie, schmal	0,35	—·—·—·—	Mittellinien, Symmetrielinien, Teilkreise für Löcher

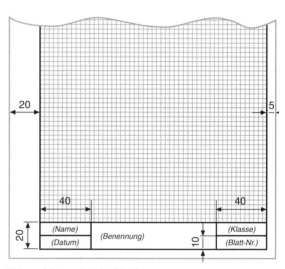

Normschrift nach DIN 6776 *Skizzenblatt mit Schriftfeld*

Normen für technische Zeichnungen

Linienarten und Linienbreiten: Die wichtigsten Darstellungselemente in technischen Skizzen und Zeichnungen sind die Linien.

Bemaßungsregeln: Damit dein Werkstück in guter Qualität und maßgenau entstehen kann, sind Maßangaben notwendig. Es sind einige Regeln zu beachten, informiere dich auf Seite 25.

Normschrift: Schriftfeld und Stücklisten werden mit Bleistift in Normschrift ausgefüllt. Sie ermöglicht eine gute Lesbarkeit der Informationen.

Um sehr große oder sehr kleine Werkstücke auf dem Zeichenblatt gut darstellen zu können, werden geeignete Zeichenmaßstäbe genutzt. Ist das originale Werkstück sehr groß, kann ein Verkleinerungsmaßstab gewählt werden. Zum Beispiel bedeutet der Maßstab M 1 : 2, dass 1 mm in deiner Zeichnung 2 mm am Werkstück entspricht. Sollen umgekehrt sehr kleine Werkstücke gezeichnet werden, verwenden wir beispielsweise den Vergrößerungsmaßstab 10 : 1. Hier entspricht 1 mm am Werkstück 10 mm in der Zeichnung.

> Bei technischen Darstellungen sind Normen einzuhalten. Dazu gehören Linienarten, Linienbreiten, Bemaßungsregeln und Normschrift.

1 Erkläre, warum technische Skizzen und Zeichnungen nach gleichen Normen angefertigt werden.

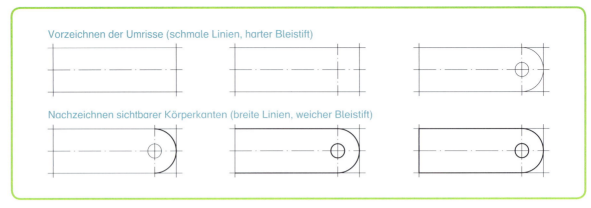

Schrittfolge beim Skizzieren

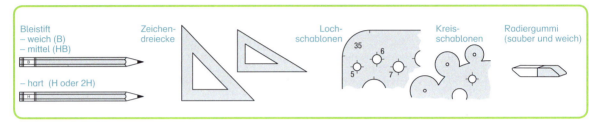

Arbeitsmittel zum Skizzieren

Technische Zeichnungen anfertigen

Die Schrittfolge beim Skizzieren

Damit unsere technische Skizze sauber und normgerecht angefertigt werden kann, sind neben ordentlichen Arbeitsmitteln die richtigen Schrittfolgen beim Skizzieren und Zeichnen wichtig. Zuerst müssen wir festlegen, von welcher Betrachtungsrichtung wir die meisten Informationen darstellen können. Diese Ansicht stellen wir dann zeichnerisch dar. Sie wird als Hauptansicht bezeichnet. In der Technik werden nicht wie in der darstellenden Geometrie alle Ansichten dargestellt, sondern nur die, die für die Fertigung notwendig sind. Bei flachen und gleichmäßig dicken Gegenständen genügt meist eine Ansicht, um das Werkstück genau zu beschreiben.

> Grundsatz: Es werden nicht so viele Ansichten wie möglich dargestellt, sondern nur so viele wie nötig.

Nun müssen wir das Skizzenblatt einteilen, um die Darstellung in der Blattmitte abzubilden. Schmale Linien helfen uns dabei. Anschließend zeichnen wir die Hüllform des Werkstückes mit schmalen Volllinien und einem harten Bleistift. Die Hüllform für unseren Schlüsselanhänger ist das Rechteck. Da der Körper symmetrisch ist, ergänzen wir die Mittellinie als eine Strichpunktlinie. Nun ergänzen wir die Rundung und die Bohrung. Für die Bohrung dürfen wir auch bei der Skizze eine Kreisschablone oder den Zirkel benutzen. Auch die Bohrung ist symmetrisch und muss mit einer Strichpunktlinie gekennzeichnet werden.

Überflüssige Linien werden nun radiert. Nach einer abschließenden Prüfung können alle sichtbaren Körperkanten sauber mit einem weichen Stift nachgezeichnet werden. So entsteht aus der schmalen Volllinie vom Vorzeichnen eine breite Volllinie.

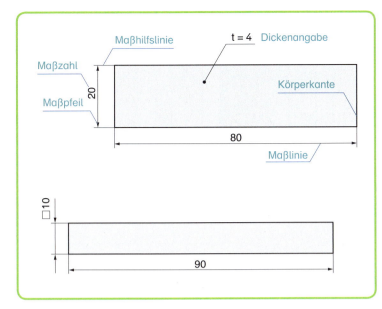
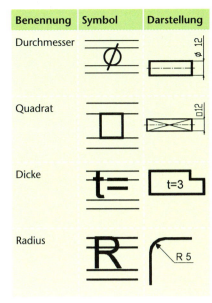

Elemente der Maßeintragung

Maße angeben: Wie groß wird mein Werkstück?

Aufgrund der bisherigen Angaben können wir uns nur die Grundform des Werkstücks vorstellen. Damit wir wissen, wie groß ein Gegenstand wird, muss noch die Bemaßung ergänzt werden. Hierfür gibt es zahlreiche Regeln.

> Maßeintragungen sind ein wesentliches Element in der international genormten Zeichensprache.

Die Bemaßung setzt sich aus verschiedenen Elementen zusammen.

Maßlinien sind schmale Volllinien. Sie geben die Maßlänge an und verlaufen parallel zur Körperkante in einem Abstand von zehn Millimetern. Maßhilfslinien sind auch schmale Volllinien. Sie werden meistens als Verlängerung der Körperkanten dargestellt. Diese ragen etwa zwei Millimeter über die Maßlinie hinaus.

Für selbst erstellte Skizzen und Zeichnungen wird im Maschinenbauzeichnen der geschlossene und ausgefüllte Maßpfeil verwendet. Dieser wird zwischen den Maßhilfslinien angetragen. Bei Platzmangel können die Maßpfeile auch von außen angetragen werden. Maßzahlen und Maßpfeile werden mit weichem Bleistift gezeichnet. Die Maßzahl steht etwa einen Millimeter über der Maßlinie.

Innerhalb der Zeichnung muss die Maßzahl von unten oder von rechts lesbar sein. Maße werden grundsätzlich in Millimeter (mm) angegeben. Es ist dann nicht mehr nötig, die Einheit hinter die Maßzahl zu schreiben. Kennzeichnungen der Form, wie z. B. *R* für den Radius oder □ für Quadrat, stehen grundsätzlich vor der Maßzahl. Zum Schluss wird das Schriftfeld ausgefüllt.

1 Nenne die vier Bemaßungselemente und je eine Regel, die bei der Maßeintragung beachtet werden muss.

★ **2** Teste Bleistifte mit unterschiedlicher Härte. Begründe, zu welchem Arbeitsschritt beim Skizzieren welcher Bleistift verwendet werden sollte.

★ **3** Begründe, warum wir für den Schlüsselanhänger nur eine Ansicht darstellen müssen.

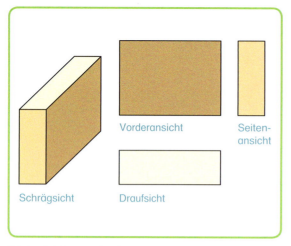

Werkstück in verschiedenen Ansichten

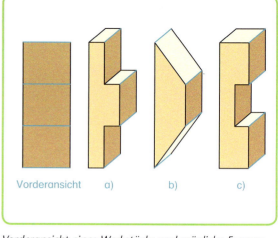

Vorderansicht eines Werkstücks und mögliche Formen

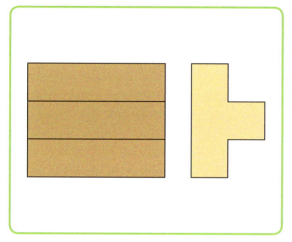

Werkstück in zwei Ansichten

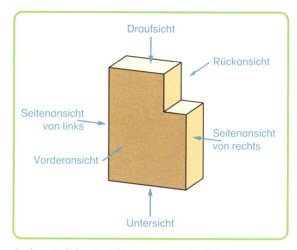

Sechs mögliche Ansichten eines Werkstücks

Ansichten und Maße

Ansichten: Wie betrachte ich mein Werkstück?

Bei komplizierteren Werkstücken sind oft zwei oder auch mehr Ansichten notwendig, um den Gegenstand eindeutig darzustellen.
Dabei werden die Vorderansicht (auch Hauptansicht genannt) sowie die Draufsicht (Ansicht von oben) und die Seitensichten (von links und rechts) unterschieden. Bei flachen und gleichmäßig dicken Gegenständen genügt meist eine Ansicht, wenn die Höhe – auch als Dicke bezeichnet – angegeben wird.
Auch für die Anordnung der Ansichten gibt es klare Regeln. Die Hauptansicht steht eher mittig auf dem Blatt, das im Hoch- oder Querformat genutzt wird. Die Ansicht von links wird rechts neben der Hauptansicht angeordnet. Die Draufsicht erscheint unter der Hauptansicht.

> Als Hauptansicht wird die Ansicht gewählt, aus der die meisten Informationen für die Herstellung entnommen werden können.

Das Bild oben rechts zeigt deutlich, dass bei der abgebildeten Hauptansicht verschiedene Körperformen möglich sind. Die Abbildung des gleichen Werkstücks in zwei Ansichten bestimmt dagegen die Körperform eindeutig.

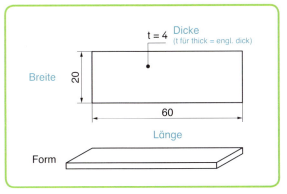
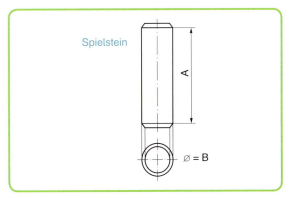
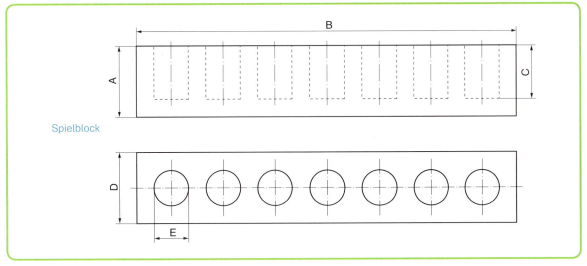

Maßarten

Welche Maße gibt es?

In der Klasse 6 der „Schule am Kiefernwald" haben sich die Schülerinnen und Schüler am Beispiel eines Steckspiels mit einigen Grundlagen der Bemaßung auseinandergesetzt:

Durch die Bemaßung soll jede Form des Werkstücks größenmäßig erfasst werden. Dabei darf jedes Maß nur einmal eingetragen werden. Aber es darf auch kein Maß fehlen.

Grundsätzlich gibt es verschiedene Arten von Maßen:
- Grundmaße (GM), die Länge, Breite und Höhe der Werkstückgrundform angeben,
- Formmaße (FM), die die Größen der jeweiligen Veränderungen an der Grundform angeben und
- Lagemaße (LM) für die genaue Lage der Teilformen.

1 Grundmaß, Formmaß oder Lagemaß? Ordne die Maße aus der Abbildung oben richtig zu.

2 Zeichne beide Ansichten des Spielblocks und bemaße ihn. Gehe dabei davon aus, dass es ein Tischsteckspiel für deine gleichaltrige Freundin oder den gleichaltrigen Freund werden soll.

3 Überprüfe nun deine Skizze von Aufgabe 3 auf S. 21 noch einmal unter Anwendung aller zuvor erkannter Normen. Korrigiere gegebenenfalls.

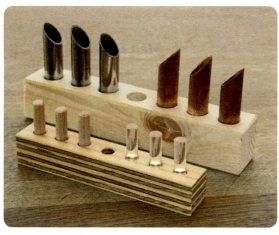

Varianten des Steckspiels

Materialauswahl

A	• Welchen Zweck soll unser Werkstück erfüllen? • Für wen ist es bestimmt?
B	• Welche Form und welche Abmessungen soll das Werkstück erhalten?
C	• Welche Werkstoffe und Materialien sollen verwendet werden?
D	• In welcher Reihenfolge sollen die Arbeitsgänge ausgeführt werden?
E	• Welche Werkzeuge, Geräte oder Maschinen sind erforderlich?

Von der Idee zu den Fertigungsunterlagen

Material auswählen und Arbeitsschritte planen

Bevor mit der praktischen Arbeit begonnen werden kann, benötigen wir weitere Planungsunterlagen, damit wir erfolgreich und zielgerichtet arbeiten können. Den Zweck des Steckspiels kennen wir. Die Bezugsgruppe ist auch klar: Es soll ein Geschenk für gleichaltrige Freunde sein. Zunächst stellt sich die Frage nach möglichen Werkstoffen. Für den Spielblock sollten Holzwerkstoffe verwendet werden. Für die Spielsteine wären sowohl Holz, Kunststoffe oder Metalle möglich.

Die Gestaltung eines Gebrauchsgegenstandes hängt eng mit dem gewählten Werkstoff zusammen. Ein Stuhl aus Stahl kann Spinnenbeine haben, ein Stuhl aus Holz nicht. Ebenso sind manche Formen werkstoffabhängig: Dünne, spitze Formen aus Keramik oder Holz sind zerbrechlich, große, dicke Formen aus Metall sind schwer. Auch in der Wirkung unterscheiden sich verschiedene Werkstoffe und Materialien.

> Werkstoff, Funktion, Form und Maße beeinflussen einander.

Soll beispielsweise ein Nagelkasten hergestellt werden, bieten sich vor allem Holzwerkstoffe an. Nach der Materialwahl werden die Maße für das gesamte Werkstück und für seine Einzelteile festgelegt. Der Nagelkasten soll eine Länge von 250 mm, eine Breite von 180 mm und eine Höhe von 55 mm haben. Durch Einsätze soll er in sechs Fächer unterteilt werden. Insgesamt werden also acht Einzelteile benötigt. Man spricht in diesem Fall von einem mehrteiligen Werkstück.

Stücklisten schaffen Übersicht

Um die Übersicht über alle erforderlichen Werkstoffe und Materialien zu erhalten, werden in der Technik Stücklisten genutzt.

Stückliste für den Nagelkasten

Stück	Benennung	Teil	Werkstoff	Länge	Breite	Dicke
22	Nägel	6	Stahl	20		
2	Einsatzteil, kurz	5	Sperrholz	164	45	5
1	Einsatzteil, lang	4	Sperrholz	234	45	5
2	Seitenteil, kurz	3	Kiefernholz	164	50	8
2	Seitenteil, lang	2	Kiefernholz	250	50	8
1	Bodenplatte	1	Sperrholz	250	180	5

Stückliste für den Nagelkasten

Lfd. Nr.	Arbeitsschritte	Arbeitsmittel
	Einsatzteil, kurz	
1	Messen, Anreißen und Prüfen der Länge 164	Stahlmaßstab, Bleistift, Anschlagwinkel
2	Sägen auf Länge	Feinsäge, Sägevorrichtung
3	Schleifen	Schleifpapier(fein), Schleifklotz
⋮	⋮	⋮
	Oberflächenbearbeitung (komplett)	
18	Lasieren	Lasur, Pinsel

Arbeitsablaufplanung (Ausschnitt)

> Eine Stückliste stellt die Anzahl aller Einzelteile eines Werkstücks übersichtlich dar.

Neben der Anzahl der Einzelteile enthält die Liste auch die Grundmaße der Einzelteile sowie die Angabe des Werkstoffs, aus dem die Einzelteile bestehen. Auch hier werden die Maße in Millimetern angegeben ohne die Maßeinheit (mm) dazuzuschreiben. Alle Wörter werden ausgeschrieben. Die Tabelle wird von unten nach oben gelesen.

Nun muss nur noch der Arbeitsablauf geplant werden, dann kann die Fertigung beginnen. Für die Arbeitsablaufplanung werden die Reihenfolge der zu verrichtenden Arbeitsgänge und die dazu notwendigen Werkzeuge und Hilfsmittel ebenfalls in einer Tabelle aufgelistet. Dabei muss beachtet werden, dass es Arbeitsschritte gibt, die in einer bestimmten Reihenfolge abgearbeitet werden müssen. Es erleichtert die Arbeit, wenn die einzelnen Arbeitsschritte zunächst gemeinsam an der Tafel sortiert werden.

> Eine Arbeitsablaufplanung beinhaltet die zur Herstellung eines Werkstücks notwendigen Arbeitstätigkeiten, die dazu notwendigen Werkzeuge und Werkstoffe.

1 Stelle eine Stückliste für das Steckspiel oder das Kugellabyrinth auf. Orientiere dich an der Tabelle oben.

★ 2 Plane den Arbeitsablauf zur Fertigung des Steckspiels oder des Kugellabyrinths. Orientiere dich an der Arbeitsablaufplanung zum Nagelkasten oben.

Werkstatt oder Fabrik?

Eine Maschine für Profis

Wir erkunden eine Tischlerei	
• Wie viele Beschäftigte gibt es? • Wer ist der Chef? • Was wird hergestellt? • Wie sind die Arbeitsbedingungen?	• Welche Maschinen kommen zum Einsatz? • Wer kann in einem solchen Betrieb arbeiten? • Wie ist der Arbeitsablauf organisiert? • Welche Materialien werden zur Arbeitsplanung verwendet?

Erkundungsfragen

M Erkundung einer Tischlerei

Im Gegensatz zum Klassenzimmer ist der Technikraum einer Schule eine Arbeitsstätte, in der produziert wird und in der besondere Regeln gelten. Die Produktionsstätte eines Betriebes lässt sich damit jedoch nicht vergleichen. Um sie kennenzulernen, bietet sich eine Betriebserkundung an.

Eine Betriebserkundung ist mehr als eine Betriebsbesichtigung. Bei einer Betriebsbesichtigung durchqueren die Besuchenden oft in einer großen Gruppe im Eilschritt die Produktionsstätten, um anschließend einen langen Vortrag zu hören. Bei einer Erkundung hingegen sollte sich ein Gespräch zwischen Vertretern des Betriebes und den Lernenden entwickeln.

In der Auswertung der Erkundung betont Niklas, dass es ihm in der Tischlerei sehr gut gefallen hatte. Vor allem konnte man gut zwischen der Schulwerkstatt und der Produktionsstätte Tischlerei vergleichen. Lea fand den Maschinenlärm unangenehm. Für sie steht fest, dass sie in einem solchen Betrieb nie arbeiten möchte, denn Tischlerarbeiten sind Männersache. Nicole hat da eine ganz andere Auffassung. Sie war fasziniert, wie aus dem rohen Holz der Schrank und der Tisch mit den feinen Holzarbeiten entstanden. Die körperliche Belastung, meint sie, sei durch den Maschineneinsatz nicht sehr hoch. Auch hätten Frauen einen besseren Geschmack und könnten ansprechendere Möbel gestalten.

> Bei der Betriebserkundung untersuchen wir die Betriebswirklichkeit vor Ort auf der Basis gezielter, selbst entwickelter Arbeitsaufträge.

Doch was konnten die Schülerinnen und Schüler in der Tischlerei noch feststellen? In der Tischlerei sind drei gelernte Tischler beschäftigt. Der Besitzer, Herr Holzdorf, hatte sich vor drei Jahren selbstständig gemacht. Die Tischlerei besteht aus zwei geräumigen Werkstätten, verschiedenen Lagerräumen und einem kleinen Büro.

Aufriss eines Schranks

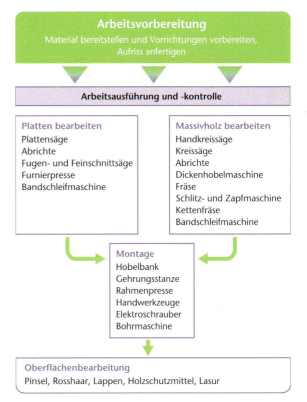

Arbeitsablauf in einer Tischlerei

In der Tischlerei werden unter anderem spezielle Türen und Fenster, aber auch Möbel gefertigt und Reparaturen an den verschiedensten Gegenständen aus Holz und Möbelplatten vorgenommen. Diese Fertigungsart nennt man Werkstattfertigung.

> Bei der Werkstattfertigung werden Maschinen und Arbeitsplätze mit gleicher oder ähnlicher Arbeitsaufgabe zusammengefasst. Die Werkstattfertigung finden wir in Drehereien, Schlossereien und Tischlereien vor.

Die Arbeitsvorbereitung, insbesondere das Einrichten der Maschinen und das Erstellen der Planungsunterlagen, die für jedes Produkt neu anfallen, erfordert bei der Werkstattfertigung viel Zeit und führt zu hohen Herstellkosten.

Die Arbeitsablaufplanung wird meist zwischen dem Auftraggeber und den Tischlern besprochen. Verwundert sind die Schülerinnen und Schüler über die zeichnerische Darstellung des Werkstücks. Eine technische Zeichnung ist in der Tischlerei nicht zu sehen. Hier arbeitet man nach einem so genannten Aufriss. Hierbei werden die Einzelteile auf einer Holzplatte dicht gedrängt, aber doch übersichtlich gezeichnet. Der Aufriss kann einerseits zum Zwecke der Information gelesen werden, andererseits dient er als Muster zum Prüfen. Die Tischler halten die Einzelteile aus Holz an diesen Aufriss und vergleichen Formen und Abmessungen. Somit kann wertvolle Arbeitszeit eingespart werden.

1 Bereitet in der Klasse eine Erkundung in einem Handwerksbetrieb vor. Notiert eure Erkundungsfragen.

2 Vergleicht die Arbeit im Technikraum mit der Arbeit in der Werkstatt eines Betriebes. Nennt Gemeinsamkeiten und Unterschiede.

2 Das kann ich!

Skizzieren und Zeichnungslesen

A Darstellungen ergänzen

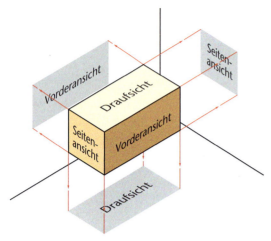

A.1 Ansichten eines Quaders

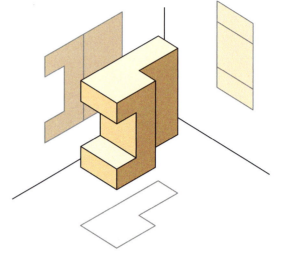

A. 2 Ansichten eines Zwischenstücks

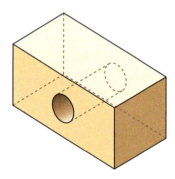

A. 3 Quader mit Durchgangsbohrung in räumlicher Darstellung

B Darstellungen lesen

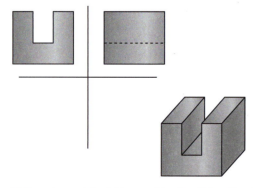

U-Eisen in zwei Ansichten und in räumlicher Darstellung

Arbeit muss geplant werden

C Immer der Reihe nach

1

2

3

4

5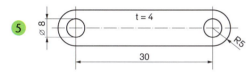

6

D Immer die richtige Härte

Bleistift ist nicht gleich Bleistift. Ob es Bleistifte mit fester Mine oder Fallbleistifte sind, ist weniger von Bedeutung als die richtige Minenhärte.

Wichtige Begriffe

Arbeitsablaufplan
Grundmaß
Hauptansicht
Maßlinie
Stückliste
Technische Skizze
Technische Zeichnung

Wissen und erklären

1 Erklärt euch gegenseitig die wichtigen Begriffe.

2 Beim technischen Zeichnen werden nur die zur Fertigung notwendigen Ansichten dargestellt. Die Anordnung der Ansichten ist vorgeschrieben. Erläutere die richtige Anordnung der Ansichten (A.1).

3 Wie viele Ansichten sind notwendig, um das Zwischenstück (A.2) eindeutig darzustellen? Begründe deine Entscheidung.

Informationen beschaffen und auswerten

4 Skizziere den Quader mit Durchgangsbohrung (A.3) in den notwendigen Ansichten auf einem extra Blatt.

5 Wie viele Ansichten sind notwendig, um das U-Eisen (B) eindeutig darzustellen? Skizziere die Draufsicht auf einem extra Blatt.

6 Ein gutes Ergebnis beim Skizzieren ist auch von den Arbeitsmitteln abhängig. Bereite eine Präsentation vor und erkläre wichtige Merkmale von Zeichengeräten und Hilfsmitteln.

Beurteilen, entscheiden und handeln

7 Beim Skizzieren und Zeichnen haben sich bestimmte Schrittfolgen bewährt. In (C) ist die Schrittfolge etwas durcheinander geraten. Bestimme die richtige Folge.

8 Nicht jede Bleistifthärte ist für jeden Zweck geeignet. Testet verschiedene Bleistifthärten und stellt fest, welche Härte besser zum dünnen Vorzeichnen und welche besser zum Nachzeichnen und Schreiben geeignet ist. Welche Härte (D) ist für das technische Darstellen am wenigsten geeignet?

M Wir erarbeiten ein Mindmap

Mindmaps sind Gedanken- bzw. Gedächtnislandkarten. Verschiedene Gedanken oder Ideen sollen in einem Bild veranschaulicht werden.

So gehen wir vor:

A
- Lege ein Blatt Papier im Format DIN A4 oder DIN A3 quer auf den Tisch.
- Schreibe das Thema in die Mitte des Blattes und kreise es ein.

B
- Richte „Äste" ein und notiere darüber deine Ideen in DRUCKBUCHSTABEN.

C
- Richte nach Bedarf weitere „Äste" und „Zweige" ein.
- Tipp: Verwende unterschiedliche Farben. Nutze Zeichen und Symbole.

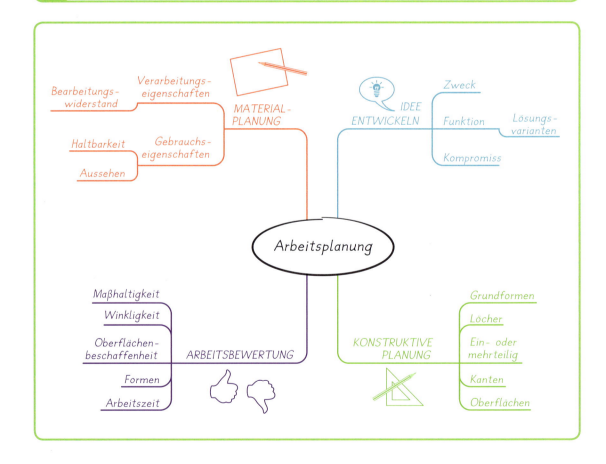

Arbeitsmittel auswählen und gebrauchen 3

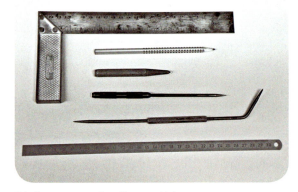

Werkzeuge zum Anreißen und Messen

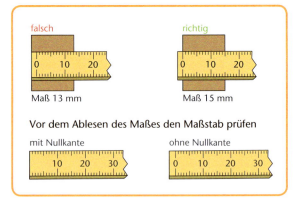

Maßstab mit und ohne Nullkante

Messen, anreißen und prüfen

Messen und Anreißen

Die Arbeit am Werkstück beginnt stets damit, dass die Ausgangsmaße gemessen und mit den Angaben der technischen Zeichnung oder Skizze verglichen werden.
Die Auswahl des Messwerkzeugs hängt ab von
- der Größe der Messung,
- der Art der Messung (Außen-, Innen-, Tiefenmaß),
- dem notwendigen Grad der Genauigkeit.

Egal, welches Messwerkzeug eingesetzt wird, mit allen Messgeräten musst du sorgfältig und behutsam umgehen. Verbogene Lineale oder abgeknickte Maßbänder lassen keine genauen Messungen zu.
Um die Länge der Seitenleisten für den Nagelkasten oder das Kugellabyrinth zu ermitteln, bietet sich ein Stahlmaßstab oder auch ein Rollmaßband an. Bei Arbeiten, die genauer als ein Millimeter ausgeführt werden müssen, kann ein Messschieber genutzt werden. Das ist vor allem in der Metallbearbeitung typisch.
Beim Messen mit dem Stahlmaßstab muss darauf geachtet werden, dass das Messwerkzeug parallel zur Werkstückkante und an der Nullkante angelegt wird. Deshalb musst du vor dem Messen genau prüfen, ob das Messwerkzeug eine Nullkante hat. Beim Messen ist es wichtig, dass du genau senkrecht auf den Maßstab siehst, sonst gibt es Messfehler.

> Messen ist das genaue Ermitteln einer Größe. Das Messergebnis besteht aus der Messgröße und der Maßeinheit.

Während du die Längen- und Breitenmaße mit den verschiedenen Meßwerkzeugen genau messen kannst, musst du zum Prüfen der Ebenheit der Kanten und des rechten Winkels einen Flach- oder Anschlagwinkel benutzen.
Als rechten Winkel bezeichnen Fachleute Winkel mit 90 Grad.
Beim Prüfen mit dem Anschlagwinkel musst du so vorgehen:
- Drücke mit einer Hand das Werkstück fest gegen den Anschlag.
- Mit der anderen Hand hältst du den Anschlagwinkel am Anschlag fest.
- Nun hältst du den Anschlagwinkel und das Werkstück in Augenhöhe gegen das Licht.

Je weniger Licht durch den Spalt zwischen Winkel und Werkstück durchscheint, umso besser ist die Qualität.

> Beim Prüfen wird festgestellt, ob ein Prüfgegenstand die an ihn gestellten Forderungen erfüllt.

Beim Anreißen werden die Maße und die Form des Werkstücks aus der Skizze auf den Werkstoff übertragen. Dazu benötigt man mindestens eine Bezugskante.

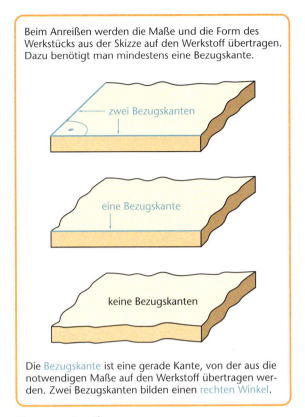

Die Bezugskante ist eine gerade Kante, von der aus die notwendigen Maße auf den Werkstoff übertragen werden. Zwei Bezugskanten bilden einen rechten Winkel.

Tipps zum Anreißen

Am Ende eines Prüfvorgangs muss deshalb die Aussage „Ja" oder „Nein" stehen. Wir stellen fest, ob die Kante eben oder der Winkel rechtwinklig ist oder nicht. Maße dafür gibt es nicht.

Nachdem die Bezugskanten die notwendige Qualität erreicht haben, kann nun mit dem Anreißen begonnen werden. Von den Bezugskanten ausgehend werden nun die Zeichnungsmaße auf das Werkstück übertragen.

Auch hierbei solltest du folgende Tipps beachten:
- Bei weichen Werkstoffen wie Holz verwenden wir einen Bleistift und reißen auf dem Werkstoff an. Bei harten Werkstoffen wie zum Beispiel Metall ritzen wir mit der Reißnadel in den Werkstoff.
- Wir reißen von links nach rechts an und ziehen die Risslinie ohne anzuhalten durch.
- Wir halten die Spitze des Anreißwerkzeuges so, dass sie am Winkel oder Maßstab anliegt.
- Wir halten das Anreißwerkzeug in Anreißrichtung geneigt.

Beim Anreißen werden die Maße und Formen aus der technischen Skizze auf das Werkstück übertragen.

1 Vergleiche einen Stahlmaßstab mit einem Lineal aus dem Mathematikunterricht. Stelle Gemeinsamkeiten und Unterschiede heraus.

2 Miss Länge, Breite und Höhe eines Holzstückes und notiere die Maße. Tauscht eure Holzstücke und messt das Holzstück der Mitschülerin/des Mitschülers. Vergleicht die Ergebnisse. Überprüft unklare Ergebnisse.

★ 3 Teste auf einem Abfallbrett verschiedene Anreißwerkzeuge (Bleistifte unterschiedlicher Härte, Anreißnadel). Bewerte die Ergebnisse und beurteile die Eignung der Werkzeuge.

Fertigungsverfahren im Überblick

Fertigen: Vielfältige Verfahren nutzen

Um Werkstücke herzustellen, müsst ihr Werkstoffe bearbeiten. Für die Werkstoffbearbeitung nutzt ihr verschiedene Fertigungsverfahren.

> Fertigungsverfahren sind Prozesse in der Produktion, die angewendet werden, damit aus einem Werkstoff ein fertiges Produkt entsteht.

Es gibt eine Vielzahl von Fertigungsverfahren. Einige davon kennt ihr schon, wie z. B. das Sägen mit dem Fuchsschwanz oder das Leimen von Holz.

Diese Fertigungsverfahren werden auch Arbeitstechniken genannt und können verschiedenen Hauptgruppen zugeordnet werden.

Die Übersicht oben zeigt die wichtigsten Fertigungsverfahren, die ihr zur Bearbeitung eurer Werkstücke anwenden könnt.

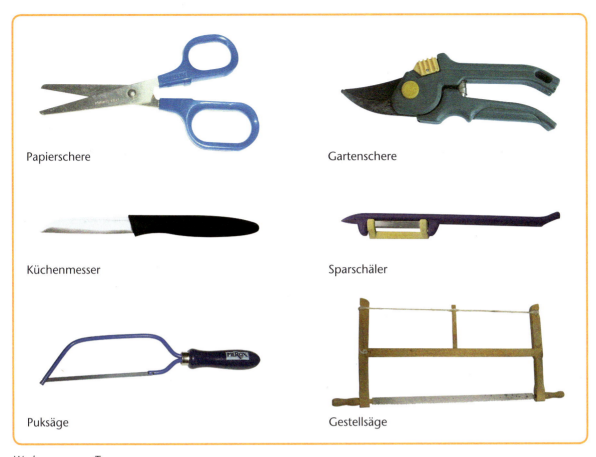

Werkzeuge zum Trennen

Trennen – ein bekanntes Fertigungsverfahren

In den vorhergehenden Klassenstufen habt ihr eine Schere zum Ausschneiden benutzt. Vielleicht habt ihr das Papier aber auch zerrissen und mit den Schnipseln ein Mosaik gestaltet. Einige von euch haben bestimmt schon einmal mit einem Sparschäler oder einem Messer Kartoffeln geschält oder mit einer Gartenschere Blumen und Zweige abgeschnitten. Natürlich könnt ihr einen Zweig auch abbrechen. Bei all diesen Arbeiten trennen wir etwas. Deshalb sprechen wir von Trennverfahren.

Im Technikunterricht lernt ihr nun, wie man richtig sägt, feilt, bohrt oder schleift.

> Durch Trennen ändern wir die Form des Werkstückes. Der Zusammenhalt der Werkstoffteilchen wird örtlich aufgehoben.

Einteilung der Trennverfahren

Wenn ihr mit einer Schere oder einem Messer etwas zerschneidet oder etwas zerreißt oder zerbrecht, entstehen dabei keine Späne. Deshalb bezeichnen wir Schneiden, Reißen und Zerbrechen als spanlose Trennverfahren. Bei den meisten Trennverfahren entstehen allerdings Späne. Diese Verfahren nennen wir spanende Trennverfahren. Beispiele dafür sind das Sägen, Feilen, Bohren und Schleifen.

> Wir unterscheiden spanlose und spanende Trennverfahren.

1 Nenne je zwei Werkzeuge zum spanenden und zum spanlosen Trennen.

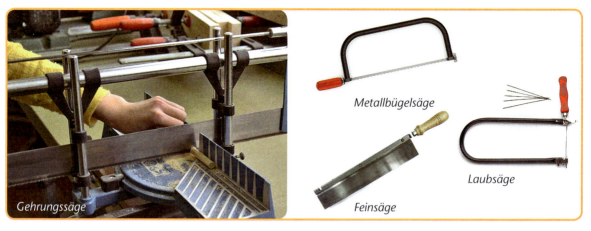

Gehrungssäge · *Metallbügelsäge* · *Feinsäge* · *Laubsäge*

Werkzeuge zum Sägen – immer das richtige Arbeitsmittel

Trennen durch Sägen

Welche Säge eingesetzt wird, hängt vom Material und von der konkreten Arbeitsaufgabe ab. Für grobe Zuschnitte von Holz könnt ihr den Fuchsschwanz verwenden. Bearbeitet ihr kleinere Holzwerkstücke oder Kunststoff, benutzt ihr besser eine Feinsäge. Für ganz feine Formen in dünneren Holzwerkstoffen eignet sich die Laubsäge. Sollen beispielsweise Holzleisten für einen Bilderrahmen in einem exakt vorgegebenen Winkel getrennt werden, eignet sich die Gehrungssäge. Bearbeitet ihr Metall, ist die Metallbügelsäge das geeignete Werkzeug.

Alle genannten Sägen haben keilförmige Sägezähne. Bei genauem Hinsehen zeigen sich weitere Unterschiede am Sägeblatt.

> Wichtige Unterschiede von Sägen bestehen in
> - der Größe des Sägeblatts,
> - der Größe der Sägezähne und
> - der Anordnung der Sägezähne.

Aus diesen Unterschieden folgt, dass die Sägen auch unterschiedliche Wirkungsweisen haben und damit für unterschiedliche Arbeiten geeignet sind.

Große Sägeblätter machen die Säge für größere Werkstücke geeignet. Sägen mit kleinen Sägezähnen werden für feinere Arbeiten genutzt.

Beachtet werden muss aber auch, bei welcher Bewegung die Säge schneidet. Der Fuchsschwanz zum Beispiel hebt nur dann Späne ab, wenn er nach vorn bewegt wird. Fachleute sagen: „Er arbeitet auf Stoß." Diese Wirkungsweise zeigt die Abbildung auf der S. 41.

Bei anderen Sägen, z. B. bei der Feinsäge, werden auch beim Ziehen Späne abgetrennt. Sie arbeitet auf Stoß und Zug.

> Eine Säge arbeitet auf Stoß, wenn sie sich beim Schneiden vom Körper weg bewegt.
> Eine Säge arbeitet auf Zug, wenn sie sich beim Schneiden zum Körper hin bewegt.

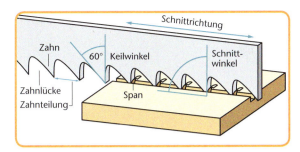
Wirkungsweise des Sägeblattes

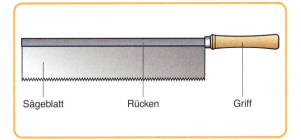
Aufbau einer Feinsäge

Richtiges Ansetzen der Säge

Beim Durchsägen Säge waagrecht halten

Der Anriss muss noch sichtbar sein

Sägelade nutzen

Beim Sägen kommt es wie bei allen Arbeitstechniken auf die richtige Körperhaltung und die richtige Bewegung an.

- Rechtshänder stehen beim Sägen links vom Schraubstock. Die rechte Hand umfasst den Griff, die linke Hand liegt auf dem Sägerücken.
- Die Beine sind in Schrittstellung, wobei das rechte Knie durchgedrückt bleibt. Das Körpergewicht ruht auf dem rechten Bein.
- Das Werkstück ist fest eingespannt, und zwar so, dass später beim Sägen möglichst viele Sägezähne im Eingriff sind.
- Gesägt wird am Anriss im Abfallstück. Der Anriss soll nach dem Sägen gerade noch sichtbar sein.
- Die Säge wird leicht schräg (20° zur Werkstückoberfläche) nach vorn geneigt geführt.
- Die gesamte Länge des Sägeblattes wird ausgenutzt.
- Achtung: Sägespäne nicht wegpusten!

> Eine geeignete Säge muss entsprechend der Arbeitsaufgabe und dem verwendeten Werkstoff ausgewählt werden.

1. Vergleiche Fuchsschwanz, Feinsäge und Laubsäge. Nenne Gemeinsamkeiten und Unterschiede.
2. Es gibt Sägen, deren Sägeblätter ausgetauscht werden können. Nenne Vorteile für solche Konstruktionen.
3. Teste verschiedene Sägen, um zu überprüfen, ob sie auf Zug, Stoß oder Zug und Stoß arbeiten.
4. Auch Schleifen ist ein Trennverfahren. Nenne Unterschiede dieses Verfahrens im Vergleich zum Sägen.

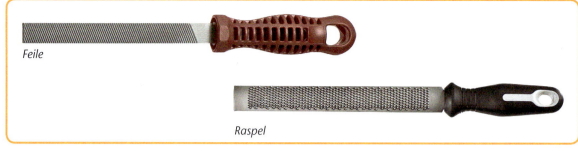

Feile

Raspel

Schräger Sägeschnitt

Anriss einer Rundung

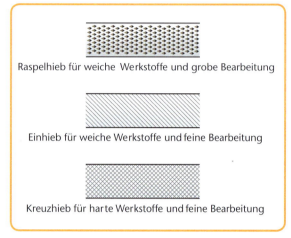

Raspelhieb für weiche Werkstoffe und grobe Bearbeitung

Einhieb für weiche Werkstoffe und feine Bearbeitung

Kreuzhieb für harte Werkstoffe und feine Bearbeitung

Feilen für verschiedene Anwendungen

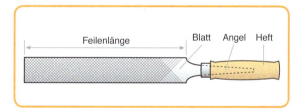

Aufbau einer Feile

Trennen durch Raspeln und Feilen

Nach dem Sägen sind oft noch weitere Trennverfahren nötig. Meistens befinden sich am Sägeschnitt Splitter oder Grate. Die Maße stimmen noch nicht genau und auch die Form muss weiter bearbeitet werden. Um ebene oder gekrümmte Flächen maßgerecht zu bearbeiten, werden Feilen oder Raspeln genutzt. Durch die vielen keilförmigen Zähne, die auf dem Werkzeug eingearbeitet sind, wird eine Spanabnahme am Werkstoff möglich.

Für die grobe Holzbearbeitung verwenden wir eine Raspel. Für feinere Holzarbeiten, aber auch zur Kunststoff- und Metallbearbeitung, nutzen wir Feilen. Je nachdem, wie glatt die Oberfläche werden muss und welche Form entstehen soll, wird eine passende Feile ausgewählt. Feilen gibt es in verschiedenen Formen und Hiebweiten. Soll mehr als 0,5 mm Werkstoff abgetrennt werden, nutzen wir eine Schruppfeile. Sie hat eine große Hiebweite. Bei hohen Ansprüchen an die Oberflächengüte nutzen wir die Schlichtfeile.

> Beim Trennen arbeitet man erst mit dem groben und dann schrittweise mit feinerem Trennwerkzeug, um genaue Maße und saubere Oberflächen zu erhalten.

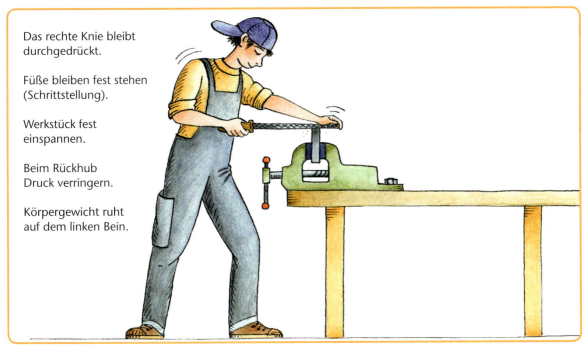

Das rechte Knie bleibt durchgedrückt.

Füße bleiben fest stehen (Schrittstellung).

Werkstück fest einspannen.

Beim Rückhub Druck verringern.

Körpergewicht ruht auf dem linken Bein.

Griff-, Stell- und Bewegungselemente beim Feilen

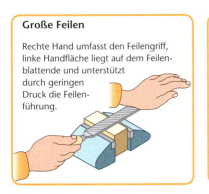

Große Feilen

Rechte Hand umfasst den Feilengriff, linke Handfläche liegt auf dem Feilenblattende und unterstützt durch geringen Druck die Feilenführung.

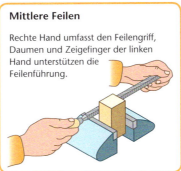

Mittlere Feilen

Rechte Hand umfasst den Feilengriff, Daumen und Zeigefinger der linken Hand unterstützen die Feilenführung.

Kleine Feilen

Die Feilenbewegung wird nur mit der rechten Hand ausgeführt.

Feilen mit unterschiedlich großen Feilen

> Körperhaltung und Bewegung beim Feilen sind ähnlich wie beim Sägen.

Wichtig ist auch hier:
- Spanne das Werkstück fest ein.
- Beachte unterschiedliche Griffe je nach Feilengröße. Während die rechte Hand stets den Feilengriff umfasst, liegt bei großen Feilen die linke Handfläche auf dem Feilenblattende und unterstützt durch geringen Druck die Führung des Werkzeugs. Bei mittleren Feilen fassen wir mit Daumen und Zeigefinger der linken Hand die Feile am Blattende und unterstützen die Feilenführung. Kleine Feilen werden nur mit der rechten Hand geführt.
- Feilenspäne werden mit dem Handbesen von der Werkbank entfernt.

1 Betrachte die Feilenblätter einer Schruppfeile und einer Schlichtfeile mit einer Lupe. Beschreibe deine Beobachtungsergebnisse.

★ 2 Teste auf einem Abfallholz Raspeln und Feilen verschiedener Formen und unterschiedlicher Hiebe. Beschreibe die Wirkung.

Werkzeuge zum Bohren und gebohrte Werkstücke

Trennverfahren Bohren und Schleifen

Trennen durch Bohren

Während mit Feilen und Raspeln vor allem gerade Flächen, aber auch Rundungen bearbeitet werden können, müssen wir bohren, wenn zylindrische Löcher entstehen sollen. Für unterschiedliche Einsatzzwecke und Materialien gibt es verschiedene Maschinen und Werkzeuge.

> Bei der Auswahl des Bohrers müssen der Werkstoff des Werkstücks und der Bohrungsdurchmesser beachtet werden. Das Werkzeug muss immer gut geschärft sein.

Für leichte Arbeiten an Werkstücken mit geringerem Bearbeitungswiderstand, wie Holz, und bei Bohrungen mit einem Durchmesser unter 10 mm, kann eine von Hand angetriebene Maschine genutzt werden. Leichter und genauer können wir mit einer Ständerbohrmaschine arbeiten.

Vor dem Bohren muss angerissen werden. Eine Bohrung wird immer mit einem Kreuz angerissen. Bei Werkstücken aus Holz oder Kunststoff wird genau in der Mitte des Kreuzes mit dem Vorstecher eingestochen.

Wollen wir Metall bohren, muss mit einem Körner die Bohrung zur Führung des Bohrers angekörnt werden. Beim Bohrvorgang muss das Werkstück fest gespannt sein. Dazu können wir einen Maschinenschraubstock benutzen. Der Bohrer wird in einem Bohrfutter fest gespannt. Er muss schön rund laufen, d. h. sich gleichmäßig drehen.

Nach dem Bohren bleiben am Rand der Bohrung noch Späne oder ein Grat zurück. Mit einem Senker kann die Bohrung entgratet oder so vertieft werden, dass ein Schraubenkopf bündig in das Werkstück versenkt werden kann.

> Bohrmaschinen dürfen nur unter Aufsicht der Lehrkraft benutzt werden. An der Bohrmaschine sind besondere Arbeitsschutzvorschriften zu beachten.

Arbeit an der Ständerbohrmaschine

Selbst hergestellter Schleifklotz

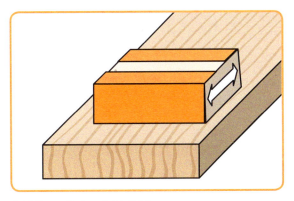

Schleifen mit dem Schleifklotz

Trennen durch Schleifen

Das Schleifen dient der Feinbearbeitung. Die Werkstückoberfläche wird geglättet, Werkstückkanten können gebrochen werden. Schleifen können wir Holz, Kunststoff und Metall.

Für die verschiedenen Werkstoffe und Arbeiten muss Schleifpapier mit unterschiedlichen Korngrößen verwendet werden. Wichtig ist dabei, mit grobem Schleifpapier zu beginnen und dann zu immer feineren Körnungen überzugehen. Holz sollte beispielsweise zuerst mit einem groben Schleifpapier mit einer Körnung von 80 vorgeschliffen werden. Es soll immer in der Richtung der Maserung geschliffen werden, niemals quer zur Maserung.

Um eine glatte Oberfläche zu erhalten, sind oft mehrere Schleifgänge sinnvoll. Im ersten Schleifgang benutzen wir einen Schleifklotz, den wir auch selbst herstellen können. Ein Klötzchen von etwa 160 x 80 mm Größe wird aus einem weichen Holzstück hergestellt, wobei die Kanten etwas abzurunden sind.

Für Arbeiten mit Metall oder Kunststoff nutzen wir Schleifleinen, die noch feinere Körnungen als Schleifpapiere für Holzwerkstoffe aufweisen. Schleifstaub wird mit dem Staubsauger abgesaugt und nicht durch Pusten im Technikraum verteilt.

> Beim Schleifen werden feine Späne vom Werkstück abgetrennt. Schleifen gehört zu den spanenden Trennverfahren.

1 Welche Fertigungsverfahren sind zur Herstellung eines Schleifklotzes nötig?

★ 2 Teste Schleifpapier mit unterschiedlichen Korngrößen. Beschreibe, wie sich kleine, mittlere und grobe Korngrößen auf den Arbeitsaufwand und die Werkstückoberfläche auswirken.

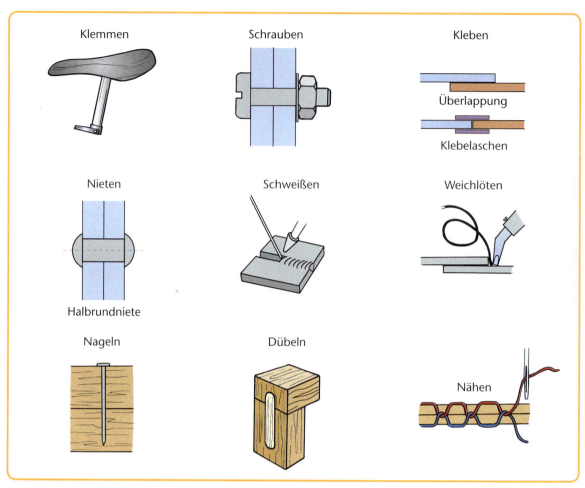

Verbindungen

Fügen

Immer dann, wenn ihr mehrteilige Gegenstände herstellt, müsst ihr die einzelnen Teile miteinander verbinden. Hierfür gibt es vielfältige Möglichkeiten. Oben sind ausgewählte Beispiele dargestellt. Die Verfahren unterscheiden sich einerseits darin, dass unterschiedliche Werkstoffe miteinander verbunden sind. Andererseits gibt es Verbindungen, die lösbar sind und solche, die nur gelöst werden können, wenn die Verbindung zerstört wird.

Holz verbinden: Leimen, Nageln, Schrauben

Jedes Fügeverfahren hat Vor- und Nachteile. Für einen Vergleich können wir fragen:
- Soll die Verbindung wieder gelöst werden?
- Wie wird die Verbindung beansprucht?
- Wie hoch ist der Arbeitsaufwand für die Herstellung der Verbindung (Zeit, Kosten)?
- Wie soll das Produkt bezüglich der Verbindungsstellen später aussehen?

> Durch Fügen werden zwei oder mehr Einzelteile miteinander verbunden. Die Art der Verbindung ist abhängig vom Verwendungszweck und vom Werkstoff.

> Für die Auswahl eines Fertigungsverfahrens sind sowohl die erwarteten Gebrauchseigenschaften als auch der Fertigungsaufwand wichtige Kriterien.

Leimen

- auf staub- und fettfreie Leimflächen achten
- Leim dünn auftragen
- Teile passend aufeinanderlegen
- Teile zusammenpressen
- überschüssigen Leim entfernen
- Trocknungszeit beachten

Nageln

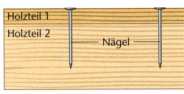

- richtige Nagellänge auswählen
- Nagelstellen markieren
- Nägel leicht schräg einschlagen
- Nagelköpfe eventuell mit einem Senkstift versenken

Schrauben

- richtige Schrauben wählen
- Schraubstellen markieren
- mit etwas kleinerem Bohrer vorbohren
- Bohrung bis zur Größe des Schraubenkopfs senken (bei Senkkopfschraube)
- richtigen Schraubendreher auswählen
- Schrauben vorsichtig eindrehen

Leimen	Nageln	Schrauben
- nicht lösbar - mittlere Festigkeit - einfache Durchführung - sieht gut aus	- nicht lösbar - mittlere Festigkeit - einfache Durchführung - sichtbare Nägelköpfe sehen nicht gut aus	- lösbar - gute Festigkeit - aufwändige Durchführung - sichtbare Schraubenköpfe können stören

Eigenschaften von Fügeverfahren

Beim Leimen kommt es auf den richtigen Leim an. Beim Fügen von Holzwerkstoffen arbeiten wir mit Leim und nicht mit Kleber. Die eingesetzten Leime, wie der bewährte Kalt- oder Weißleim, sind ungiftig und leicht zu verarbeiten.

> Leim muss auf der Fügestelle aufgetragen werden. Er verbindet die Teile erst, nachdem er getrocknet ist.

1 Nenne je eine lösbare und nicht lösbare Verbindungsart. Erkläre, was unter nicht lösbar zu verstehen ist.

2 Begründe, warum eine Nietverbindung nicht lösbar ist, obwohl Niklas an seiner Jeans den Niet gerade geöffnet hat.

⭐ 3 Teste einen Kaltleim: Wie lange benötigt er, bis er richtig fest klebt? Der Fachmann bezeichnet diesen Zeitraum als Abbindezeit.

Tauche den Pinsel nur bis zur Hälfte der Borstenlänge in Farbe ein, streife überschüssige Farbe ab

Reinige den Pinsel gründlich

Stelle Pinsel mit den Borsten nach oben zum Trocknen ab

Lack- und Lösungsmittelreste gehören nicht in den Ausguss

Beschichten

Holzoberflächen veredeln

Wenn wir unsere aus Holz oder Metall gefertigten Werkstücke längere Zeit benutzen, stellen wir fest, dass die Oberflächen nicht mehr schön aussehen. Auf dem rohen Holz bilden sich dunklere, unschöne Flecken. Auf unbehandelten Stahloberflächen bildet sich durch Handschweiß und Feuchtigkeit Rost. Außerdem lieben wir Farben und wollen unser Werkstück dekorativ gestalten.

> Beschichten ist das Aufbringen einer fest haftenden Schutzschicht auf einen Gegenstand. Dadurch wird das Aussehen verbessert und die Lebensdauer des Werkstückes verlängert.

Unsere Arbeit an den Werkstücken schließen wir meist mit Arbeitstechniken des Beschichtens ab.

Typische Verfahren zur Beschichtung von Holzwerkstoffen sind vor allem
- Lackieren,
- Beizen und
- Wachsen.

Vor dem Beschichten muss dein Werkstück absolut sauber geschliffen, glatt und staubfrei sein. Dazu wird das Werkstück mit Schleifpapier und Schleifklotz in Faserrichtung geschliffen. Überstehende Holzfasern werden abgetrennt, ein Teil dieser Holzfasern wird nur niedergedrückt. Beim Auftragen von Farbe quellen sie und richten sich wieder auf. Die Oberfläche erscheint dadurch rau.

> Eine sauber geschliffene Holzoberfläche ist Voraussetzung für eine erfolgreiche Beschichtung.

Sauber geschliffene Holzoberfläche

Beizen einer Holzoberfläche

Wachsen einer Holzoberfläche

Lackieren einer Holzoberfläche

Lackieren

Die geschliffene Holzoberfläche saugt aufgetragene Farbe schnell auf. Deshalb müssen zuerst die Poren des Holzes mit einer Grundierung geschlossen werden. Nach dem Trocknen wird die grundierte Fläche noch einmal mit feinem Schleifpapier geschliffen und von Schleifstaub gereinigt. Nun erfolgt der dünne und gleichmäßige Auftrag der Lackfarbe. Lackfarben enthalten oft Lösungsmittel, die durch Einatmen Gesundheitsschäden verursachen können. Achte deshalb auf eine gute Lüftung.

Besser ist es, mit lösungsmittelfreien und damit umweltfreundlichen Acrylfarben zu arbeiten. Sie sind mit Wasser verdünnbar.

> Lösungsmittelfreie Acryllacke schonen die Umwelt und verursachen keine Gesundheitsschäden.

Beizen/Färben

Wenn du eine farbige Holzoberfläche haben möchtest, ohne die Holzmaserung zu verdecken, ist das Beizen das richtige Verfahren. Die Beize wird mit einem breiten Pinsel oder einem Schwamm aufgetragen. Nach dem Beizen wird die Holzoberfläche mit Wachs geschützt.

Wachsen

Viele Naturholzmöbel werden heute mit Wachs beschichtet. Die Maserung und die Farbe des Holzes werden betont und ein matter Glanz erzeugt. Nach etwa 24 Stunden Trocknung kann die Oberfläche mit einer weichen Bürste oder einem Baumwolltuch seidenmatt poliert werden.

★ 1 Beschichte drei Holzabfälle aus dem gleichen Werkstoff durch Lackieren, Beizen und Wachsen. Vergleiche den Arbeitsaufwand und das Arbeitsergebnis.

3 Das kann ich!

Produkte fertigen

A Fertigungsverfahren im Überblick

Verfahren	Gruppe	Werkzeug	Werkstoff
Bohren	Trennen	Nagelbohrer	Holz
…	…	…	…

  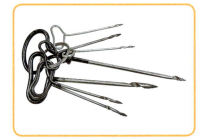

Bohren mit Muskelkraft: Brustleier, Handbohrmaschine, Nagelbohrer

B Bemaßen und Anreißen

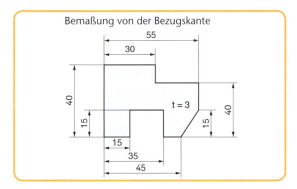

Bemaßung von der Bezugskante

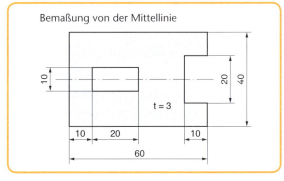

Bemaßung von der Mittellinie

C Arbeitsmittel fachgerecht gebrauchen

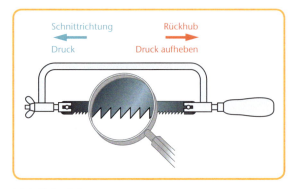

Metallbügelsäge

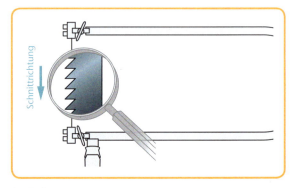

Laubsäge

D Vorrichtungen erleichtern die Arbeit

Der Schraubstock ist ein typisches Hilfsmittel, das bei der Bearbeitung von Werkstoffen genutzt wird. Er ermöglicht es, unterschiedliche Werkstücke fest zu spannen. Damit bleiben beim Arbeiten beide Hände frei. Auch die Sägelade ist ein solches Hilfsmittel.

Sägelade

Die Sägelade ist ein praktisches Hilfsmittel beim Ablängen von Leisten und für kleinere Zuschnitte.

E Vorsicht geboten: Arbeitsschutz

Wichtige Begriffe

Bezugskante
Hiebweite
Rechter Winkel
Messen
Fertigungsverfahren
Keil

Wissen und erklären

1 Erklärt euch gegenseitig die wichtigen Begriffe.

2 Lege in deinem Ordner eine Übersicht der Fertigungsverfahren an, die du bisher ausgeführt hast. Beispiel (A).

3 Da Trennwerkzeuge scharf sein müssen, birgt das Arbeiten mit ihnen Gefahren. Erläutere Fehler, die beim Arbeiten mit dem Fuchsschwanz und der Feinsäge vermieden werden müssen, damit es keine Verletzungen gibt. (E)

4 Sägen können auf Stoß, Zug oder Zug und Stoß arbeiten. Erkläre, wie die Sägeblätter einer Metallbügelsäge und einer Laubsäge eingespannt werden müssen. (C)

Informationen beschaffen und auswerten

5 Eine Sägelade ermöglicht es, das Werkstück auf der Werkbank zu fixieren, ohne es einzuspannen. Informiere dich und demonstriere das Sägen in der Sägelade. (D)

6 Vorrichtungen werden nicht nur genutzt, um Werkstücke in der gewünschten Position zu halten. Erkundige dich nach der Funktion von Vorrichtungen in der Produktion. Erläutere, wozu Vorrichtungen noch genutzt werden.

Beurteilen, entscheiden und handeln

7 Beim Bemaßen und beim Anreißen werden zwei grundlegende Möglichkeiten unterschieden: Bemaßen von der Bezugskante oder von der Mittellinie. Vergleiche beide Möglichkeiten. Begründe, wann welche Möglichkeit genutzt werden sollte.

8 Erläutere an einem Gegenstand aus deinem Umfeld, welche Fertigungsverfahren bei seiner Herstellung vermutlich eingesetzt wurden.

M Der ideale Entwurfsprozess: Von der Idee zum Produkt

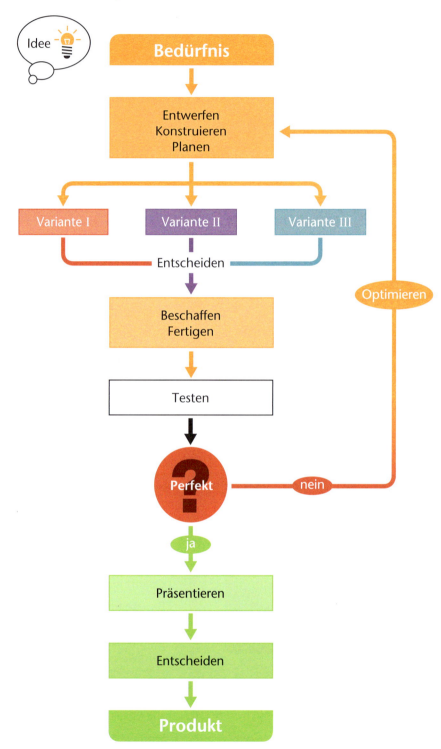

Alltagsgegenstände konstruieren und fertigen

4

1 Einen Beachballschläger fertigen

Situation

Lea und Niklas bewegen sich gerne draußen an der frischen Luft. So kommen sie auf die Idee, ein eignes Beachballspiel zu konstruieren und zu fertigen.
Niklas meint, dass es besonders spannend sein könnte, an der Schule ein Beachballturnier zu organisieren. Dazu würden auch zahlreiche Schläger benötigt.

Beachball (engl.), auf Deutsch Strandball, kann nicht nur am Strand gespielt werden. Das Spiel verbindet Elemente von Federball (engl. Badminton) und Tischtennis und beruht auf dem Rückschlagprinzip: Zwischen zwei Spielern wird ein Ball hin und her geschlagen.

Jeder der beiden Spieler benötigt einen Schläger, das so genannte Racket.

Das Racket soll nun nach eigenen Vorstellungen gestaltet werden. Die Bälle können nicht selbst produziert werden. Hier wird das Angebot im Sportgeschäft geprüft und genutzt.

Unser Problem ?

Für die Spielerin oder den Spieler ist die Gestaltung des Schlägers von großer Bedeutung, weil damit die eigene Spielweise wirkungsvoll unterstützt werden kann.
Um eine Vorstellung von der Ausführung des Schlägers zu gewinnen, müssen wir zunächst diese Fragen beantworten:
- Aus wie vielen Teilen soll der Schläger bestehen?
- Welche Form sollen unsere Schläger haben und welche Grundmaße wollen wir veranschlagen?
- Welche Materialien wollen wir verwenden?
- Welche Fertigungsverfahren können wir anwenden?

Wir suchen nach Lösungen: Konstruktive Planung

Funktionstüchtigkeit geht vor Formenvielfalt:

▶ Entscheide dich für eine Form, die du gut technisch umsetzen kannst, und begründe deine Entscheidung. Zeichne deine Form auf Pappe vor.
▶ Gehe von folgenden Grundmaßen aus: ca. 380 lang, ca. 240 breit und 20 dick. Diese Vorlage kannst du später als Schablone nutzen, um die Form auf den Werkstoff zu übertragen.

Wir suchen nach Lösungen: Material-Planung

Beim Material haben wir viele Möglichkeiten: Aluminium, Kunststoff, Vollholz, Sperrholz.

Lea und Niklas entscheiden sich für Sperrholz.

Sperrholz besteht aus mehreren dünnen Holzlagen, deren Faserverlauf unter einem Winkel von 90° verleimt und gepresst wird.

▶ Begründe, warum Sperrholz aufgrund der Gebrauchs- und Verarbeitungseigenschaften ein zweckmäßiges Material ist.

Arbeitsablaufplanung

Lfd. Nr.	Arbeitsschritte	Arbeitsmittel
1	Anreißen	Schablone, Bleistift
2	Sägen	Dekupiersäge
3	Feilen, Schleifen	Halbrundfeile, Schleifleinen (fein)
4	Oberflächenbearbeitung	Lasur, Pinsel

Arbeitsauftrag

▶ Stelle den Beachballschläger mithilfe der vorliegenden Arbeitsunterlagen her.

Für Experten: Schläger individuell gestalten

Damit Niklas seinen Schläger auch sofort wiedererkennt, will er ihn individuell gestalten. Dazu zeichnet er lustige farbige Bilder auf die Schlagfläche.

Lea hat noch eine andere Idee. Da nach dem Spiel immer ihre Hände schmerzen, möchte sie den Griff verändern.
Folgende Griffformen kann sie sich vorstellen:

gerade   anatomisch

konkav   konisch

Den für sich passenden Griff findet jede/jeder nur durch Ausprobieren.

▶ Ergänze die Arbeitsablaufplanung um die beiden Arbeitsschritte für Experten. Setze die Planung um.

2 Ein Insektenhotel bauen

Situation

In den letzten Jahrzehnten ist der Lebensraum vieler nützlicher Insekten, vor allem der Wildbienen, stark geschrumpft. Die Ursachen sind vielfältig. So werden beispielsweise morsche Bäume rasch umgesägt, alte Schuppen und alte Mauern werden abgerissen. Die Folge ist, dass viele Wildbienenarten in ihrem Bestand gefährdet sind. Mit dem Bau eines Insektenhotels tun wir etwas für die Tiere und für unsere Gärten.

Keine Angst, Wildbienen stechen nicht!

Unser Problem ?

Wir wollen eine Nisthilfe für Insekten – ein Insektenhotel – bauen. Dabei versuchen wir, die unterschiedlichen Ansprüche der einzelnen Arten zu berücksichtigen, indem wir in dem Hotel verschiedene Zimmer einrichten. Ein kleines Dach soll vor Regen schützen. Das fertige Hotel soll an einem trockenen, windgeschützten und sonnigen Ort aufgestellt werden.

Wir suchen nach Lösungen

Eine Lösungsvariante für ein Insektenhotel

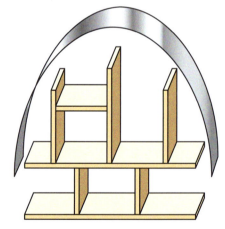

Konstruktive Gestaltung

Materialplanung

Material:
- Für den Grundkörper: Gehobelte Fichtenholzbretter
- Für das Dach: PVC-Streifen
- Für die Abdeckung einzelner Zimmer: verzinktes Drahtgitter; Spanplatte
- Für die Rückwand: Sperrholzplatte
- Für die Verbindungen: Holzleim und Blechschrauben

Hinweise zum Arbeitsablauf

Gestell komplettieren: Grundbrett mit PVC-Streifen verschrauben und Rückwand anreißen und aussägen.

Fichtenbretter anreißen, zusägen und mit Holzleim und Schrauben nach Skizze verbinden.

Tipp: Löcher zuerst mit einem Holzbohrer vorbohren.

Dach mit Grundkörper aus Fichtenholz und der Rückwand aus Sperrholz verschrauben.

Rundhölzer (verschiedene Äste) auf 10 cm ablängen und mit Holzbohrern (3 bis 10 mm) mit unterschiedlich großen Löchern versehen.

Die Felder mit Rindenstücken, Holzspänen und Zapfen füllen, dann die zugeschnittenen Drahtgitter mit Holzschrauben mit Unterlegscheiben befestigen.

Arbeitsauftrag

▶ Skizziere die Hauptansicht im Maßstab 1:5 für das Insektenhotel und bemaße diese.
▶ Stelle das Insektenhotel auf der Basis der vorliegenden Arbeitsunterlagen her.

Für Experten

▶ Entwickle Lösungsvorschläge, wie das Hotel befestigt werden könnte.

3 Mobiles Spielzeug für den Kindergarten

Situation

Für den eigenen Bedarf konstruieren und fertigen wir gerne. Genauso schön ist es, anderen mit selbst hergestellten Produkten eine Freude zu bereiten. Tabea hat deshalb die Idee, die Kinder vom Kindergarten nebenan mit Spielzeug zu überraschen und ihnen damit auch zu zeigen, was wir im Unterricht gelernt haben.

Unser Problem

?

Entwickelt werden soll ein bewegliches Spielzeug. Das Spielzeug soll für Kinder im Kindergartenalter geeignet sein.
- Für das Spielzeug kann Holz, Kunststoff oder Metall verwendet werden.
- Die Konstruktion soll bewegliche und einfache mechanische Teile, wie z. B. Achsen, Hebel, Kurbeln, beinhalten.
- Lösungsvarianten sollen zunächst skizziert werden.
- Auf dieser Grundlage wird eine technische Lösung präzisiert und die Arbeitsablaufplanung erarbeitet.
- Nun kann das Spielzeug gefertigt werden.
- Abschließend ist das Spielzeug der Lerngruppe zu präsentieren, wobei das Zusammenwirken der einzelnen Bauteile erklärt und die Lösung bewertet werden soll.

Wir suchen nach Lösungen: Konstruktive Planung und Materialplanung

Eric hatte da eine gute Idee. Als er noch klein war, war eine Ente aus Holz eines seiner Lieblingsspielzeuge. Die Ente konnte er hinter sich an einer Schnur herziehen.

Benötigt werden also eine Grundplatte mit Rädern und eine darauf befestigte Ente.

Stückliste

22	Holzschrauben	Stahl	
1	Vogel (Ente)	Kiefernholz	
4	Räder	Kiefernholz	
2	Achse	Kiefernholz	
1	Grundplatte	Kiefernholz	
Stück	Benennung	Werkstoff	Maße

Arbeitsauftrag

▶ Skizziere die Grundplatte in den notwendigen Ansichten. Trage die Maße ein.
▶ Stellt die Arbeitsablaufplanung mit den notwendigen Arbeitsschritten und den dazugehörigen Arbeitsmitteln auf.

Für Experten

Die Abbildung unten zeigt eine erweiterte technische Lösung, die Aishe entwickelt hat. Der Vogel kann den Kopf auf und ab bewegen, um einen Wurm zu picken. Das funktioniert aber nur, wenn sich die Räder drehen.

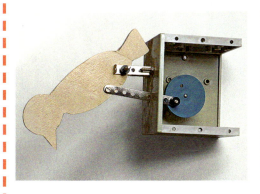
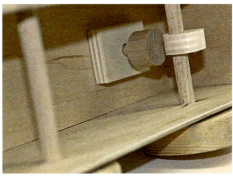

▶ Erläutere das Prinzip, das den Vogel selbstständig auf und ab bewegt.
▶ Erweitert die oben angegebene Stückliste für dieses Spielzeug.
▶ Stellt die Arbeitsablaufplanung für den pickenden Vogel auf.
▶ Fertigt das Spielzeug mit dieser doppelten Mobilität.

4 Es muss nicht immer Holz sein – Vogelfutterautomat aus Kunststoff

Situation

Für den Schulbasar suchen Anja und Alex nach ansprechenden Produkten. Bisher wurden überwiegend Gebrauchsgegenstände aus Holz und Holzwerkstoffen angeboten. Sie wollen vor allem metallische Werkstoffe und Kunststoffe nutzen, um so mehr Aufmerksamkeit zu erzeugen.

Kunststoffe
Vielfalt der Farben und Formen

Metalle

Unser Problem

?

Anja sucht nach einer Lösung, um die Vögel im Winter mit Futter zu versorgen. Dabei sollte nach Anjas Vorstellung frisches Futter automatisch nachrutschen, wenn das alte Futter verbraucht ist. Der Füllstand des Futters soll sich leicht beobachten lassen. Das Futterhäuschen sollte darüber hinaus aus witterungsbeständigem Material sein.

Lösungsvarianten

Eine Kunststoffflasche nimmt das Futter auf. Sie wird in einem Gestell befestigt, das ebenfalls aus Kunststoff besteht. Kunststoff ist witterungsbeständig.

Materialplanung und Werkzeuge

- Diverse Hartschaumplatten
- Kunststoffflasche mit Deckel und Befestigungsschnur
- Schlauchreste
- Anreißwerkzeuge
- Schere, Nagelbohrer, Laubsäge, Feile
- Kunststoffkleber

**Arbeits-
ablauf**

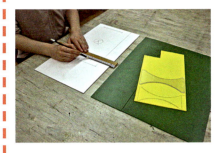

1. Grundmaße für Dach und Bodenplatte mit Hilfe von Lineal und Bleistift auf die Kunststoffplatten übertragen und ausschneiden.

2. Umriss des Rohreinsatzes in der Mitte auf der Dachplatte und die Einsteckschlitze (ca. 5 mm breit) für die Bodenplatte aufzeichnen. Einsteckschlitz und Loch für die Kunststoffflasche mit der Laubsäge aussägen. Zuvor mit dem Nagelbohrer vorbohren.

3. Rundung der Bodenplatte auf Seitenstreifen als Landeplatten übertragen und zuschneiden.

4. Teile zusammenfügen und verkleben, Verschraubung als Befestigung anbringen.

**Arbeits-
aufgaben**

▶ Skizziere die jeweilige Grundplatte in den notwendigen Ansichten und trage die Maße ein.
▶ Stelle die Arbeitsablaufplanung in einer Tabelle (vgl. S. 55) auf.

**Für
Experten**

▶ Es gibt immer mehr als eine Lösung für technische Fragestellungen. Stellt den Gebrauchsgegenstand in Partnerarbeit her. Entwickelt Vorschläge, um den Arbeitsprozess oder das Arbeitsergebnis zu verbessern.

M Wir bewerten unseren Alltagsgegenstand

Bereits vor Arbeitsbeginn legen wir die Bewertungskriterien fest. In die Bewertung wollen wir sowohl das Produkt als auch den Arbeitsprozess einbeziehen.

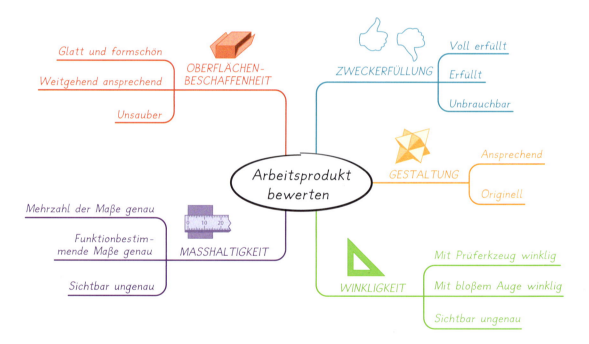

Ohne Energie geht nichts: Arbeit und Technik im Wandel

5

Energieerzeugung im Kraftwerk

Energietransport

Gespeicherte Energie

Verbrauchte chemische Energie

Ohne Energie läuft nichts

Ohne Energie geht in unserem Alltag nichts. Damit Nadine morgens aufwacht und pünktlich in der Schule ist, klingelt um 6.30 Uhr ihr Radiowecker. Er ist an die Steckdose angeschlossen und benötigt elektrische Energie. Zum Zähneputzen nutzt sie eine elektrische Zahnbürste. Diese wird mit einem Ladegerät aufgeladen, auch hierzu wird elektrische Energie benötigt. Die Energie wird im Kraftwerk gewonnen und über Stromleitungen zu den Verbrauchern transportiert.

Auch das warme Wasser zum Duschen und für den Morgentee muss erhitzt werden. Für die Hausheizung wird Öl benötigt. Durch Verbrennung wird die notwendige Wärmeenergie gewonnen und das Wasser für die Heizung erhitzt. Das Teewasser dagegen erwärmt sie im Wasserkocher, der elektrische Energie in die benötigte Wärmeenergie umwandelt. Damit der Tee aus fernen Ländern zu uns kommt, wird für den Transport Energie benötigt. Energie benötigt auch der Schulbus, mit dem Nadine zur Schule fährt. Der Bus benötigt Kraftstoff, dessen chemische Energie im Motor in Bewegungsenergie umgewandelt wird. Sonst würde der Bus nicht fahren.

Mit der Stromrechnung am Jahresende erhält der Haushalt dann den Beleg darüber, wie viel Strom er verbraucht hat.

Wir wissen: Energie kann nicht gewonnen oder verbraucht, sondern nur umgewandelt werden. Obwohl es also physikalisch falsch ist von Energie*gewinnung* zu sprechen, begegnen uns immer wieder die Begriffe „Energiegewinnung" oder „Stromverbrauch". Sie haben sich in der Sprache des Alltags und auch bei den Energieunternehmen eingebürgert. Deshalb sprechen auch wir von der „Gewinnung elektrischer Energie" oder dem „Energieverbrauch", wenngleich es sich eigentlich immer um Energieumwandlung handelt.

> Mit Energie gehen wir täglich um. Energie wird umgewandelt, transportiert, gespeichert. Im allgemeinen Sprachgebrauch verwendet man die Begriffe Energieerzeugung, -gewinnung und -verbrauch.

Nicht nur Nadine und ihre Familie, sondern alle Menschen nutzen Energie in vielfältiger Weise, für warme Wohnungen und helle Räume oder

Energieverbrauch

Webseite der DGE

Energiezufuhr

Wechselstromzähler

den Transport und die Produktion von Gütern. Energie wird nicht nur in technischen Anlagen gewonnen und genutzt. Auch unser Körper benötigt Energie, selbst wenn wir schlafen.

Energie kann man nicht sehen, hören, schmecken, riechen oder fühlen. Nur wenn wir z.B. einen Blitz sehen oder beim Sport schwitzen, dann erleben wir Energie.

Unserem Körper führen wir Energie in Form von Nahrung zu. Energie ermöglicht es dem menschlichen Körper, alle seine Funktionen zu erfüllen und zuverlässig zu arbeiten.

Auch technische Maschinen und Anlagen benötigen Energie, damit sie arbeiten können. Wenn ein Auto durch einen Motor angetrieben wird, dann wandelt der Motor die Energie des Kraftstoffs in mechanische Arbeit um.

> In Naturwissenschaft und Technik ist Energie ein zentraler Begriff. Naturwissenschaftlich-technisch betrachtet ist Energie die Fähigkeit, Arbeit zu verrichten.

1 Beschreibe deinen Tagesablauf. Notiere, welche Energieformen du in den einzelnen Abschnitten des Tages nutzt.

2 Die Deutsche Gesellschaft für Ernährung (DGE) empfiehlt bei leichten Tätigkeiten von Schülerinnen im Alter von 15 Jahren eine Energieaufnahme in Höhe von 10 048 kJ (2 400 kcal) und bei Schülern von bis zu 12 500 kJ (3 000 kcal). Erkläre, wovon diese Richtwerte abhängig sind.

3 Der Verbrauch elektrischer Energie wird mit einem Wechselstromzähler gemessen und in der Energierechnung ausgewiesen. Nenne die Einheit, in der der Energieverbrauch gemessen wird.

★ **4** Ermittle die Höhe des Energieverbrauchs eures Haushalts. Vergleiche diesen mit dem Durchschnittsverbrauch in Deutschland. Berichte darüber in der Klasse und stelle Vermutungen über Ursachen für mögliche Abweichungen vom Durchschnitt an.

Mühevolle Handwäsche

Schaukelwaschmaschine von 1910

Energie und Arbeit

Arbeit ist meist anstrengend und beschwerlich. Deshalb haben die Menschen immer wieder versucht, sich die Arbeit zu erleichtern. Noch für unsere Vorfahren im 18. Jahrhundert war der Waschtag ein harter Arbeitstag. Ein Besuch im Heimatmuseum macht uns die Entwicklung deutlich.

Da keine Wasserleitungen vorhanden waren, wurde das Wasser vom Brunnen in Eimern zu den bereitgestellten Holzgefäßen getragen. Im Museum können wir uns vom Gewicht der leeren Eimer überzeugen. Der Museumsangestellte erläutert den Waschvorgang anschaulich. Die Reinigung der Wäsche erfolgte in drei Arbeitsgängen:

- das Auslaugen und Bleichen,
- die mechanische Reinigung und
- das Spülen oder Schwemmen der Wäsche.

Damals gab es den Beruf der Wäscherin, die im Auftrag diese Arbeit ausführte.

Die Wäscherinnen legten die Wäsche zunächst in einen Waschbottich, um sie immer wieder mit Aschenlauge zu durchtränken. Damit sie das Wasser nicht tragen mussten, gingen sie auch an Flüsse oder Bäche. Das war besonders in der kalten Jahreszeit eine beschwerliche Arbeit, die zum Teil kniend oder auch im Wasser stehend ausgeführt wurde. Sie belastete die Gesundheit der Wäscherinnen sehr. Man erkannte sie oft an den rauen und rissigen Händen. Auch die spätere Verwendung von Seife und der Einsatz von Wasserkesseln, die über offenem Herdfeuer erhitzt wurden, brachten noch keine großen Verbesserungen für die Waschfrauen.

Die Energie, die die Waschfrauen aufbringen mussten, um ihre Arbeit zu verrichten, war sehr hoch.

Der Museumsangestellte erzählt auch, dass der ständige Wechsel zwischen Dampfschwaden und kaltem Wasser sowie feuchtwarmer Waschküche und niedriger Außentemperatur zu Erkältungen, Lungenentzündungen und nicht selten zu unheilbaren Krankheiten führte. Somit war es ein deutlicher Fortschritt, als Ende des 18. Jahrhunderts die ersten Waschmaschinen in gewerblichen Wäschereien zum Einsatz kamen.

Die ausgestellte Holzbottichwaschmaschine veranschaulicht, wie die Arbeit der Wäscherinnen bei der mechanischen Bearbeitung der Wäsche erleichtert wurde. Vor allem mussten sie nun nicht mehr in die scharfe Waschlauge greifen. Die Waschmaschinen wurden zunächst von Hand angetrieben. Nach 1900 wurden mehr und mehr Elektromotoren eingesetzt. Dampftöpfe und Dampfwaschmaschinen dienten dem Erhitzen des Waschwassers. Dadurch konnte auch die Hygiene deutlich verbessert werden.

> Bereits einfache Maschinen erleichtern den Menschen die Arbeit. Für ihren Gebrauch ist menschliche Energie jedoch unabdingbar.

Erst in den 50er-Jahren des 20. Jahrhunderts konnten sich viele private Haushalte eine einfa-

Holzbottichwaschmaschine von 1932

Vollautomatische Waschmaschine

che Waschmaschine leisten. Die Wäsche wurde anfangs noch manuell eingeweicht, in Waschkesseln vorgekocht und anschließend in die Waschmaschine gegeben. Während dieser Arbeiten konnte die Hausfrau die Waschküche kaum verlassen.

Am Beispiel des Waschens erkennen wir die typischen Stufen, wie die Arbeit der Menschen schrittweise durch Technik ersetzt werden kann. In einer ersten Stufe führt der Mensch alle Arbeiten selbst aus und muss die Energie dafür vollständig aufbringen (*Hantieren*).

Durch den Einsatz von Getrieben und Motoren wird die körperliche Arbeit des Menschen erleichtert (*Mechanisieren*). In einer weiteren Entwicklungsstufe steuert und überwacht die Maschine dann auch noch den Arbeitsprozess (*Automatisierung*). In den Stufen Mechanisierung und Automatisierung wird der Maschine Energie zugeführt und von der Maschine so umgewandelt, dass ihr Zweck erfüllt werden kann.

> Typische Technisierungsstufen sind: Hantieren, Mechanisieren und Automatisieren.

Die Waschmaschine nutzt die elektrische Energie und wandelt diese in mechanische Energie und Wärmeenergie um.

Die mechanische Energie wird benötigt, damit die Wäsche bewegt werden kann. Diese Energie muss dann die Wäscherin nicht mehr aufbringen. Die Wärmeenergie dient dazu, das Waschwasser zu erwärmen. Somit muss die Waschfrau keinen Brennstoff organisieren, kein Feuer machen und später die Asche entfernen.

Mit der Erfindung der Waschmaschine ist es gelungen, mehrere aufeinander folgende Arbeitsgänge der Technik zu übertragen.

Aber dieser Technikeinsatz hat einen Preis. Nicht nur, dass die Anschaffungskosten für die Maschine relativ hoch sind. Auch die Folgewirkungen müssen beachtet werden, denn sowohl für den Betrieb als auch für die Herstellung der Maschinen muss Energie aufgewendet werden.

---

1 Beschreibe am Beispiel des Waschens die einzelnen Technisierungsstufen. Nenne die Arbeiten, die die oben abgebildete Holzbottichwaschmaschine im Vergleich zur Handwäsche übernimmt. Nenne die Arbeiten, die ein Waschvollautomat erledigt.

★ **2** Sammelt Abbildungen, die die historische Entwicklung der Haushaltsgeräte zeigen. Gestaltet damit ein Poster. Verdeutlicht dabei, bei welchen Arbeitsgängen der Mensch und bei welchen die Maschine die notwendige Energie aufbringen muss.

★ **3** Beschreibe den Ablauf des Programms einer Waschmaschine (zum Beispiel „Kochwäsche mit Vorwäsche"). Ermittle hierfür aus der Gebrauchsanweisung den Bedarf an Elektroenergie und Wasser sowie die Arbeitszeit.

vor 30 000 Jahren: Muskelkraft der Menschen

vor 3 000 Jahren: Muskelkraft der Tiere, Sonne, Feuer

vor 100 Jahren: Kohle, Wasser, Wind, Holz

in 300 Jahren: Sonne, Wind, ..?

Energie im Spiegel der Zeit

Energieträger und Energieformen

Der Begriff „Energie" kommt aus dem Griechischen: Das griechische Wort „energia" bedeutet so viel wie „Tatkraft".

Energie ist unsichtbar und kann nur an ihren Wirkungen erkannt werden. Wir brauchen sie, wenn etwas in Bewegung gesetzt, beschleunigt, hochgehoben, beleuchtet, erwärmt oder gekühlt werden soll.

Energie ist die Fähigkeit, Arbeit zu verrichten, zum Beispiel einen Gegenstand zu bewegen oder Licht auszustrahlen. Sie ist in Rohstoffen, zum Beispiel Holz, gespeichert. Wichtigste Energiequelle ist die Sonne. Ohne sie gäbe es kein Leben auf der Erde. Ohne sie wären unsere wichtigsten Energieträger Erdöl, Kohle und Gas nicht vorhanden.

Erdöl, Kohle und Gas werden auch als fossile Energieträger bezeichnet. („Fossil" kommt aus dem Lateinischen und bedeutet so viel wie „ausgegraben".) Sie sind in Millionen von Jahren aus der Pflanzen- und Tierwelt entstanden. Braunkohle zum Beispiel ist vor 10 bis 50 Millionen, Steinkohle vor 300 Mio. Jahren entstanden. Weitere Energieträger sind Sonne, Wasser, Wind und Erdwärme. Sie werden auch als erneuerbare Energien bzw. regenerative Energien bezeichnet, weil sie praktisch unerschöpflich sind.

> Die Energie, die mit den natürlich vorkommenden Energiequellen zur Verfügung steht, wird auch als Primärenergie bezeichnet.

Zu den primären Energieträgern zählen fossile Energieträger (Erdöl, Kohle, Erdgas), regenerative Energieträger (Sonnenstrahlung, Wasserkraft, Windkraft, Erdwärme, Biomasse usw.) und im weiteren Sinne auch Lebensmittel.

Für die Haushalte oder Betriebe ist die Primärenergie, beispielsweise aus Kohle, vielfach nicht direkt nutzbar, sondern muss in eine andere Energieform überführt werden, z. B. in elektrische Energie. Hierbei entstehen allerdings Verluste.

> Die Energie, die aus der Primärenergie durch Umwandlung gewonnen wurde, wird als Sekundärenergie bezeichnet.

Energieform	Weitere Bezeichnung	Beispiel/Erscheinungsweise	Technische Energieanwendung
Mechanische Energie	Bewegungsenergie = Kinetische Energie	Fließendes Wasser, fahrendes Auto, Schwungrad	Wassermühle
Wärmeenergie	Thermische Energie	Heizkörper, Wärmflasche	Wärmespeicher, Heizung
Elektroenergie		Elektrischer Strom, Blitz	Generator, Elektromotor
Chemische Energie		Brennstoffe, Sprengstoffe	Kohlekraftwerk, Holzofen
Kernenergie		Kernspaltung	Atomkraftwerk
Strahlungsenergie	Elektromagnet. Energie	Sonnenlicht, Radiowellen	Fotovoltaikanlage

Primärenergie   **Sekundärenergie**   **Endenergie**   **Nutzenergie**

Energie kommt in verschiedenen Formen vor

Die nach eventuellen weiteren Umwandlungs- oder Übertragungsverlusten vom Verbraucher nutzbare Energiemenge bezeichnet man schließlich als Endenergie. In der praktischen Anwendung wird die Arbeitsfähigkeit der Endenergie in Form von Kraft, Wärme oder Licht genutzt.

Die Nutzenergie wiederum ist jene Energie, die nach der Umwandlung beim Verbraucher zur Verfügung steht, beispielsweise in Form von warmem Wasser oder mechanischer Energie. Sie wird für die Bereitstellung der vom Verbraucher eigentlich gewünschten Energiedienstleistung benötigt.

> Die Energie, die der Verbraucher einsetzt, heißt Endenergie und die Energie, die schließlich genutzt wird, heißt Nutzenergie.

End- und Nutzenergie können in vielerlei Formen auftreten:

- als *mechanische Energie:* Dazu zählt die Bewegungsenergie, zum Beispiel das fahrende Auto, oder die Energie der Lage, zum Beispiel die angehobene Last;
- als *Strahlungsenergie* in Form von Licht, Röntgenstrahlung oder Rundfunkstrahlung;
- als *Wärmeenergie*, zum Beispiel beim Verdampfen von Flüssigkeiten;
- als *elektrische Energie* in Form von Gleichspannung an einer Batterie oder Wechselspannung an einer Steckdose.

---

1 Nenne Geräte, bei denen elektrische Energie in mechanische Energie oder Wärmeenergie umgewandelt wird.

2 Berechne die Zusammensetzung des Strompreises für Haushalte in Euro, wenn eine kWh 0,27 € kostet. Nutze hierfür S. 72.

★ **3** Nenne Beispiele, die belegen, dass jede Energieart verschiedene Energieformen annehmen und in andere Energiearten umgewandelt werden kann.

5 Das kann ich!

Ohne Energie geht nichts: Arbeit und Technik im Wandel

Energie und Arbeit

A Mensch und Technik: Arbeit und Energie

Hantieren

Mechanisieren

Automatisieren

B Der Energiebedarf steigt und sinkt

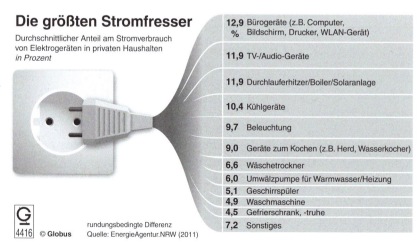

Die größten Stromfresser
Durchschnittlicher Anteil am Stromverbrauch von Elektrogeräten in privaten Haushalten *in Prozent*

%	
12,9	Bürogeräte (z.B. Computer, Bildschirm, Drucker, WLAN-Gerät)
11,9	TV-/Audio-Geräte
11,9	Durchlauferhitzer/Boiler/Solaranlage
10,4	Kühlgeräte
9,7	Beleuchtung
9,0	Geräte zum Kochen (z.B. Herd, Wasserkocher)
6,6	Wäschetrockner
6,0	Umwälzpumpe für Warmwasser/Heizung
5,1	Geschirrspüler
4,9	Waschmaschine
4,5	Gefrierschrank, -truhe
7,2	Sonstiges

rundungsbedingte Differenz
Quelle: EnergieAgentur.NRW (2011)
© Globus 4416

Während der gesamte Elektroenergiebedarf in Deutschland in den vergangenen Jahren um 2 Prozent gesunken ist, ist der Bedarf bei Haushalts- und Kommunikationsgeräten trotz immer besserer Geräte im Zeitraum von 2005 bis 2009 im Durchschnitt um 6 Prozent gestiegen.

C Den Elektroenergieverbrauch ermitteln

Die Abbildung zeigt einen Wechselstromzähler. Er misst die verbrauchte elektrische Energie.

D Grenzen der Mensch-Maschine-Beziehung

"Doing my work from home over the internet? You *bet* I'm interested!"

Wichtige Begriffe

Arbeit
Energie
Primärenergie
Nutzenergie
Sekundärenergie
Endenergie

Wissen und erklären

1 Erklärt euch gegenseitig die wichtigen Begriffe.

2 Nenne Gründe, warum immer weiter versucht wird, Arbeit vom Menschen auf Maschinen zu übertragen. Beschreibe, welche Arbeiten beim Mechanisieren und Automatisieren von den Menschen auf die Maschinen übertragen werden. Nutze die Fotos zu (A).

3 Nenne Ursachen für den steigenden Bedarf an Elektroenergie in privaten Haushalten. Vgl. Material zu (B).

4 Beschreibe, was du an einem Wechselstromzähler alles ablesen kannst. Nutze das Foto zu (C). In welcher Einheit wird der Messwert angegeben?

Informationen beschaffen und auswerten

5 Recherchiere, was „intelligente Stromzähler" auszeichnet. Nenne Merkmale und erkläre, was man sich von diesen Geräten erhofft.

6 Ermittle, wie viel Elektroenergie ihr in eurem Haushalt innerhalb von 24 Stunden verbraucht. Lies dazu den Wechselstromzähler an zwei folgenden Tagen jeweils zur gleichen Zeit ab.

Beurteilen, entscheiden und handeln

7 Vergleiche den ermittelten Elektroenergieverbrauch von Aufgabe 6 mit dem Jahresverbrauch, der auf eurer Energierechnung angegebenen ist. Warum ist der Jahresverbrauch nicht gleich dem Tagesverbrauch mulitpliziert mit 365?

8 Was will der Künstler mit seiner Karikatur (D) sagen? Nennt Beispiele, die eure Deutung belegen.

Wir lesen ein Schaubild: Zusammensetzung von Energiekosten

Ein Schaubild (oder Diagramm) vermittelt den Lesern Informationen, indem es Zahlen und Werte darstellt. Anders als bei einem Text gibt es keine einheitliche Leserichtung.

Strompreise in Deutschland

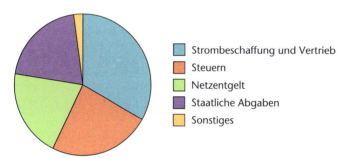

Zusammensetzung des Strompreises für Privathaushalte in Deutschland
Stand: 2011, Quelle Bundesnetzagentur

So gehen wir vor

1 Welches Thema wird behandelt?
Das Schaubild gibt Auskunft über die Zusammensetzung des Strompreises für Privathaushalte in Deutschland.

2 Welche Quellen wurden genutzt?
Die Zahlen legte die Bundesnetzagentur für das Jahr 2011 vor.

3 In welcher Form werden die Informationen vermittelt?
Das Tortendiagramm veranschaulicht die Zusammensetzung des Strompreises für Privathaushalte in Deutschland.

4 Welche Informationen werden vermittelt?
Der Strompreis setzt sich vor allem aus drei Hauptkomponenten zusammen: den Kosten für Energieerzeugung und -lieferung, die Netznutzung, Steuern/Abgaben.

5 Kommentar, Schlussfolgerung
Überraschend ist, dass die Kosten für die Energieerzeugung und den Vertrieb nur ca. ein Drittel der Gesamtkosten betragen.

Vielfältige Nutzenergien im Haushalt 6

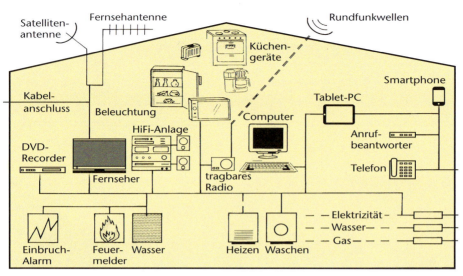

Vielfalt der Technik im Haushalt

Technik und Energie im Haushalt

Wozu benötigen wir Technik und Energie?

Wenn wir unseren Tagesablauf aufmerksam betrachten, wird deutlich, dass unser Handeln immer wieder mit Technik verbunden ist. Diese Technik ist überaus vielfältig. Geweckt werden wir durch den Radiowecker mit Weckautomatik, die Zähne putzen wir mit einer elektrischen Zahnbürste mit rotierendem Bürstenkopf, zum Putzen der Schuhe müssen wir allerdings die Handbürste selbst bewegen. Für das Frühstück nutzen wir Automatik-Toaster und Milchkocher. Inzwischen klingelt das Telefon, und die Mutter erinnert uns daran, das Ausräumen des Geschirrspülers nicht zu vergessen und die Heizung im Wohnzimmer auszuschalten.

Immer wieder geht es um technische Gebilde, die wir bedienen müssen und die für ihren Betrieb Energie benötigen.

Wenn wir diese technischen Gebilde gebrauchen, so eröffnen sich Chancen, aber auch Risiken. Arbeiten wir mit Geräten wie der Handbürste oder einem Messer, so können wir die Folgen genau abschätzen. Alles liegt sozusagen in unserer Hand. Das trifft auch auf die elektrische Zahnbürste zu, hier nimmt uns der Motor nur die rotierende Bürstenbewegung ab.

Technik ist Menschenwerk

Nutzen wir Maschinen, so müssen wir meist auf die kreative Arbeit ihrer Entwickler vertrauen. Bei der Arbeit mit einem Werkzeug, wie dem Hammer oder der Säge, können wir die Folgen unmittelbar beobachten. Bei einer energie- und wassersparenden Geschirrspülmaschine informieren uns die Herstellerangaben. Solche Maschinen können wir über die Steuerorgane ein- und ausschalten, gegebenenfalls auch programmieren, in den Arbeitsablauf können wir jedoch nicht mehr eingreifen. Systeme der Energie- und Wasserversorgung unserer Wohnung können wir nur nutzen, aber nicht mehr direkt in sie eingreifen. Sie werden auch großtechnische Systeme oder Anlagen genannt.

> Zur Technik zählen die vom Menschen künstlich geschaffenen Gebilde wie Werkzeuge, Geräte, Maschinen, Anlagen.

Allen technischen Gebilden ist gemeinsam, dass sie durch den Einsatz verschiedener Verfahren und durch den Einsatz von Energie vom Menschen zum Erreichen bestimmter Zwecke geschaffen wurden. Technik ist Menschenwerk.

Wirkungsgrade im Vergleich

Glühlampe
1. Licht
2. η = 5 %

LED
1. Licht
2. η = 75 %

Solarzelle
1. elektrisch
2. η = 11 %
   optimiert: η = 17 %

Brennstoffzelle
1. elektrisch
2. η = 30 %
   optimiert:
   η = 50 %

Wirkungsgrad $\eta = \dfrac{P_{ab}}{P_{auf}} < 1$

P_{ab} = abgegebene Leistung
P_{auf} = aufgenommene Leistung

Solarkollektor thermisch
(im Haushalt)
1. thermisch
2. Serie: η = 25 %
   optimiert: η = 40 %

Wasserkraftwerk
1. elektrisch
2. η = 90 %

Thermisches Kraftwerk
1. elektrisch
2. Dampfturbine:
   η = 48 %
   Gasturbine
   η = 39 %

Hochspannungs-Gleichstrom-freileitungs-übertragung
(800 kV pro 1 000 km)
1. elektrisch
2. η = 98 %

1. gibt die Nutzenergie an; 2. gibt den Wirkungsgrad an

Technik ist Teil unserer Lebenswelt

Technik kann uns nicht nur Arbeit erleichtern. Sie kann auch Funktionen ausführen, die dem Menschen nicht möglich sind, wie zum Beispiel Kühlen, Fliegen oder Informationen in Sekundenschnelle in der ganzen Welt verteilen.

> Technik im Haushalt soll
> - das Leben und die Arbeit erleichtern
> - Verbindungen zur Außenwelt ermöglichen
> - eine angenehme Wohnatmosphäre schaffen

Ohne Energie keine Technik

Damit die Technik diese Zwecke erfüllen kann, benötigt sie Energie. So ist es die Aufgabe des kleinen Motors in der Zahnbürste, die elektrische Energie aus dem Stromversorgungssystem in mechanische Energie für den Bürstenkopf umzuwandeln.

Die Heizung soll uns in der kalten Jahreszeit Wärme spenden. Dazu muss die chemische Energie des Heizöls im Heizkessel in Wärme umgewandelt werden. Mechanische Energie und Wärmeenergien werden in diesen Fällen vom Anwender der Technik genutzt. Sie werden deshalb als Nutzenergie bezeichnet.

Die Nutzenergie beim Anwender wird aus der Endenergie umgewandelt.

Typische Formen der Nutzenergie sind Wärme, Licht, Kälte und auch Schallwellen. Die Nutzenergie ist in den meisten Fällen kleiner als die Endenergie, da bei der Energieumwandlung Verluste auftreten.

> Das Verhältnis zwischen genutzter und zugeführter Energie wird als Wirkungsgrad (η) bezeichnet.

1 Nenne zu jeder der drei Funktionen der Technik im Haushalt jeweils zwei technische Gebilde. Erläutere für jedes Gebilde, was End- und Nutzenergie sind.

2 Mandy meint, der ideale Wirkungsgrad wäre eins oder 100 %. Bei jedem technischen Gebilde ist die Endenergie jedoch größer als die Nutzenergie. Bewerte die Aussage.

Für die Elektroinstallation in der Küche reicht ein Stromkreis nicht aus

Sicherheit beim Umgang mit elektrischen Geräten

Sachgemäßer Umgang mit elektrischen Geräten schützt uns vor möglichen Unfällen durch elektrischen Strom. Damit es im Umgang mit elektrischen Anlagen und Geräten nicht zu Gefahrensituationen kommt, sollte jeder über grundlegende Kenntnisse verfügen.

> Grundsätzlich gilt, dass Arbeiten am elektrischen Leitungsnetz und die Reparatur elektrischer Geräte nur von Fachleuten ausgeführt werden dürfen. Nur dann ist die Betriebssicherheit gewährleistet.

Durch häufiges oder unsachgemäßes Benutzen elektrischer Bauteile kann es dazu kommen, dass Schutzisolierungen beschädigt werden oder sich Kontakte lösen. Berühren sich dadurch stromführende Leitungen, kommt es zum Kurzschluss. Liegt eine blanke elektrische Leitung am Metallgehäuse eines Gerätes an, schließt sich der Stromkreis über den Schutzleiter des Schutzkontaktsteckers.

Wir nutzen in unseren modernen Haushalten viele elektrische Geräte. Am Typenschild kannst du die elektrische Leistung der Geräte ablesen. Werden zu viele Geräte an einen Stromkreis angeschlossen, kann es zu einer Überlastung kommen, weil ein zu hoher Strom fließt. Sicherungen sorgen dafür, dass Schäden vermieden werden.

> Sicherungen sind elektrische Schaltgeräte, die einen elektrischen Stromkreis bei Kurzschluss oder Überlastung selbsttätig unterbrechen.

Bei einer Schmelzsicherung bewirkt die entstehende Wärme durch zu hohen Stromfluss ein Schmelzen des so genannten Schmelzleiters und die Sicherung muss ersetzt werden. Im Haushalt werden heute meist Leitungsschutzschalter angewendet, bei denen der Stromfluss in den genannten Gefahrenfällen unterbrochen wird. Wenn die Störung beseitigt ist, kann der Leitungsschutzschalter wieder in Betrieb gesetzt werden. Die Anschaffungskosten sind allerdings höher als bei einer Schmelzsicherung.

Stromführende Leiter können auch über FI-Schutzschalter (Fehlerstrom-Schutzschalter) ge-

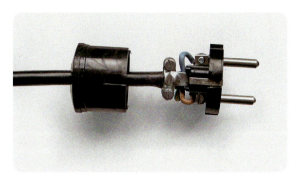
Schutzkontakt

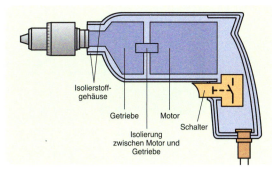
Schutzisolierung

Schutzkleinspannung

Schutzklasse	Symbol	Schutzmaßnahme
I	⏚	Schutzleiteranschluss
II	▭	Schutzisolierung
III	◇III	Schutzkleinspannung

Schutzklassen

führt werden. Diese schalten den Stromkreis schon bei geringen Fehlerströmen ab und sind vor allem dort sinnvoll, wo es feuchte oder feuergefährdete Bereiche gibt. Für Badezimmer sind FI-Schutzschalter vorgeschrieben.

> Zu den Schutzmaßnahmen, die helfen sollen, Unfälle durch elektrischen Strom zu vermeiden, gehören:
> - die Isolation elektrischer Leiter,
> - der Einsatz von Sicherungen,
> - die Nutzung von Schutzkleinspannung bis 24 Volt Wechselspannung oder 60 Volt Gleichspannung,
> - die Verwendung von Schutzkontakten,
> - die Verwendung von Schutzleitern.

Trotz dieser Schutzmaßnahmen kann es zu Unfällen mit elektrischem Strom kommen. Dabei ist die Schwere des Unfalles abhängig von der Höhe der Spannung, von der Stromstärke, von der Dauer der Einwirkung, vom Widerstand beim Weg des Stromes durch den menschlichen Körper. Die häufigsten Folgen bei Stromunfällen sind Verbrennungen und Auswirkungen auf die Muskeln. Letztere können zu Herzstillstand oder Atemlähmung mit tödlichem Ausgang führen. Nicht zu unterschätzen sind auch indirekt verursachte Unfälle wie Stürze von einer Leiter oder ähnliches.

1. Suche an fünf elektrischen Geräten in eurem Haushalt das Leistungsschild und notiere die elektrische Leistung und die Schutzklasse.

2. Nenne weitere Anwendungsbeispiele für die oben angegebenen Schutzklassen.

3. Erarbeite einen Kurzvortrag zu Erste-Hilfe-Maßnahmen bei Unfällen durch elektrischen Strom. Formuliere dabei auch, welche Informationen du bei einem Notruf geben musst.

★ 4. Berechne, welche Geräte aus der Abbildung auf Seite 76 an einen Stromkreis angeschlossen werden können, der mit 10 Ampère abgesichert ist.

Fernsehgeräte im Wandel: Nicht nur das Design ändert sich

Mechanischer Schalter: Aus ist Aus *Blinkende Infrarotfernbedienung: Es arbeitet weiter*

Energiefressern auf der Spur

Eine Welt ohne Fernbedienung ist für uns heute fast nicht vorstellbar. Ob beim Fernseher, Computer, Garagentor, der Zentralverriegelung beim Auto, der Markise zum Sonnenschutz – überall werden Fernbedienungen genutzt. Selbst das Navigationsgerät im Auto kann mit einer Fernbedienung ein- und ausgeschaltet werden, ausgewählte Funktionen können verändert werden.

Die Fernbedienung begann ihren Siegeszug durch Deutschland vor 50 Jahren. Die ersten Geräte waren für das Radio bestimmt, da hier unter mehreren Sendern ausgewählt werden konnte, während es im Fernsehen nur zwei Sender gab: ARD und ZDF. (Die ARD sendete seit 1954, das ZDF seit 1963.) Technischer Standard war die Fernbedienung erst in der Mitte der siebziger Jahre.

Erfunden wurde die TV-Fernbedienung in den vierziger Jahren in den USA. Die Fernbedienungen waren zuerst kabelgebunden. 1950 wurde die erste Fernsteuerung mit dem bezeichnenden Namen „Lazy Bones" (deutsch: Faulpelz) präsentiert. 1955 folgte die erste drahtlose Steuerung per Lichtsignal namens „Flashmatic". Sie war technisch wenig ausgereift, sodass es vorkommen konnte, dass Tageslicht den Fernseher unbeabsichtigt in Gang setzte. Heute werden unterschiedliche technische Prinzipien für die verschiedensten Typen von Fernbedienungen genutzt.

Fernbedienungen haben den Umgang der Menschen mit der Technik und ihren Lebensstil verändert. Mit der größeren Programmvielfalt seit Einführung der Privatsender Mitte der 80er Jahre und später durch das Kabelfernsehen entwickelte sich nicht nur die Zapper-Mentalität, sondern auch eine immer größere Bequemlichkeit der Techniknutzer.

Oft genügt es schon die Hand aufzulegen, um zu erfahren, wo sinnlos elektrische Energie in Wärme umgewandelt wird. Wird das Netzteil eines Computers warm, ohne dass der Computer arbeitet, dann steht fest: Hier wird Energie verschwendet.

Klassische Stand-by–Geräte wie die Stereoanlage, der Fernseher und das Videogerät und natürlich der Computer sind in vielen Haushalten im Dauerbetrieb. Fünf Watt für den Videorekorder, sieben für die Hi-Fi-Anlage, zehn für den alten Röhrenfernseher: Der Stand-by-Verbrauch von Elektrogeräten summiert sich. Da kommen schnell Energiekosten von 30, 40 oder gar 100 Euro im Jahr zusammen.

Ermittlung der Energiekosten

Energiekostenmessgerät

Energiekostenmessgeräte sind Energieverbrauchsdetektive

Ein neues EU-Gesetz soll der Energieverschwendung nun Einhalt gebieten. Seit 2013 darf die Leistungsaufnahme jedes Elektrogeräts im Aus-Zustand 0,50 W nicht überschreiten. Die Einhaltung dieser Begrenzung ist die Voraussetzung für das CE-Siegel. Man sollte also beim Kauf neuer Geräte auf dieses Siegel achten.

Moderne Geräte verbrauchen zwar weniger Strom, dennoch lohnt sich eine Neuanschaffung nicht immer. Deshalb haben viele Haushalte noch so genannte Stromfresser im Gebrauch, wie den alten Kühlschrank oder den Wäschetrockner. Viele Geräte lassen sich richtig abschalten und sollten nicht im Stand-by-Modus betrieben werden.

> Der Stand-by-Modus (Bereitschafts- oder Wartemodus) dient meist der Bequemlichkeit und ist überflüssig: Das Elektrogerät lässt sich in diesem Zustand mittels Fernbedienung ein- und ausschalten, sodass der für bequeme Menschen lästige Weg zum Schalter am Apparat entfällt.

Energiekostenmessgeräte helfen, die Stromfresser zu erkennen. Sie sehen wie Zeitschaltuhren aus, haben jedoch eine ganz andere Funktion. Sie dürfen auch nicht mit Spannungsprüfern verwechselt werden.

Energiekostenmessgeräte werden zwischen Steckdose und Netzstecker beispielsweise des Computers, des Fernsehers oder der HiFi-Anlage gesteckt. So kann das Gerät bei gleichbleibender elektrischer Spannung den durchfließenden Strom messen. Daraus ergibt sich die benötigte elektrische Energie in Kilowattstunden (kWh) über die Länge der Messzeit. Manche Geräte zeigen auch gleich die Kosten an.

> Energiekostenmessgeräte können Stand-by-Verluste aufspüren und einen Überblick über die Kosten für die Elektroenergie im Haushalt geben.

1 Erkläre, was mit Zapper-Mentalität gemeint ist.

2 Erläutere den Zusammenhang zwischen den elektrischen Größen Spannung, Stromstärke und Leistung.

★ 3 Ermittle mit dem Energiekostenmessgerät die Energieaufnahme der Haushaltsgeräte, die im Stand-by-Modus laufen. Erfasse diese Geräte in einer Liste. Schreibe zu jedem Gerät Gründe auf, warum der Stand-by-Modus gewählt wird.

★ 4 Laura meint: „Der Bereitschaftsmodus ist nicht generell überflüssig. Zur Vermeidung der aufwändigen Startphase mancher Geräte wäre er sogar sinnvoll." Diskutiert die Auffassung. Nennt Beispiele, die Lauras Meinung stützen.

Tabea nutzt zum Ermitteln des Energiebedarfs ihres Haarföns ein Energiekostenmessgerät, das schon bei kleinen Leistungen unter 0,5 Watt reagiert. Darüber hinaus kann das Gerät die gemessenen Daten auch speichern.

Das Gerät kann sowohl die elektrische Spannung, den elektrischen Strom als auch die elektrische Leistung messen.

Aus diesen Werten und dem Strompreis berechnet das Gerät die Kosten für die elektrische Energie selbstständig. Angezeigt werden die seit Messbeginn vom Haushaltsgerät verbrauchten Kilowattstunden, also die Elektroenergie, die in Wärme für die Heizung und mechanische Energie für den Motor umgewandelt wurde.

Tabea liest als Preis 0,12 € ab.

Energiekosten mit dem Energiekostenmessgerät für den Heimbedarf ermitteln

Laura will den Energieverbrauch für das tägliche Fönen ihrer Haare ermitteln. Das muss sie wissen:
- Die elektrische Leistung des Gerätes (angegeben in Kilowatt).
- Die Betriebsdauer des Föns am Tag (angegeben in Stunden).
- Den Preis für die Elektroenergie (angegeben in Euro pro Kilowattstunde).

Arbeitet der Fön mit 1000 W jeden Tag 5 Minuten, dann beträgt der Bedarf an Elektroenergie im Jahr rund 30 kWh. Bei einem Preis von 0, 27 € pro Kilowattstunde summieren sich die Kosten zu etwa 81 € im Jahr.

Energiekosten berechnen

Energiekosten ermitteln

Die Rechnung für die genutzte Elektroenergie wird den Verbrauchern per Post zugestellt. Dort ist der Jahresverbrauch angegeben, ohne zwischen den einzelnen Personen, die im Haushalt leben, zu unterscheiden. Differenziert wird auch nicht zwischen den einzelnen Geräten und Funktionen, für die die Elektronenergie genutzt wurde. Tabea will es genau wissen: „Stimmt es wirklich, dass Stand-by Energieverschwendung ist? Wie viel Elektroenergie benötige ich für bestimmte Tätigkeiten, die ich regelmäßig ausführe? Welche Kosten sind damit verbunden?"

Der erste Versuch war ein voller Reinfall. Nachdem sie im Unterricht von einem Energiekostenmessgerät gehört hatte, ging sie an die Arbeit. Es war doch so einfach: Das Messgerät kam in die Steckdose, der Stecker vom Fernseher musste nun in die Steckdose des Messgeräts. Fertig. Das Strommessgerät zeigt im Stand-by-Betrieb 16 Watt an. 16 W = 0,016 kW, das bedeutet, in einer Stunde werden 0,016 kWh Elektroenergie umgesetzt.

Das wären pro Jahr:
0,016 kWh • 24 • 365 = 140 kWh.
Bei einem Strompreis von 30 Cent pro kWh sind das 0,30 €/kWh • 140 kWh = 42 €.
„Aber das kann ja nicht sein, oder?" zweifelt Tabea, weil die gemessene Leistung viel zu hoch ist. Es ist offensichtlich, dass hier ein Fehler vorliegt. Die Ursache ist das Energiekostenmessgerät, das offensichtlich Messfehler aufweist.

Im Handel sind verschiedene Geräte im Angebot. Die Geräte haben nicht nur einen unterschiedlichen Preis, sondern auch eine unterschiedliche Qualität. Einige Geräte zeigen ausgerechnet den wichtigen Stand-by-Verbrauch falsch an. Es lohnt sich also im Fachhandel oder bei Stiftung Warentest Informationen einzuholen.

In Schulen ist das Betreiben von Messgeräten und Zubehör durch geschulte Lehrkräfte verantwortlich zu überwachen.

Produkt Testkriterien	Naldi Süd Messi I	Ladel Nord Messi II	Conny Energy	Nordfali SKM 40
Preis in € (gerundet)	9	12	36	40
Handhabung	++	++	+	−
Messgenauigkeit	+	o	+	o
Sicherheit	+	−−	+	+
Stand-by-Verbrauch erfassbar	o	−	++	o
Qualitätsurteil	befriedigend	mangelhaft	gut	ausreichend

Warentest Energiemessgeräte

Waren testen

Bei der großen Menge an technischen Gegenständen, die für den gleichen Zweck angeboten werden, ist eine Kaufentscheidung immer von mehreren Faktoren abhängig. Neben dem Preis ist der Gebrauchswert des Produktes für uns ausschlaggebend.

> Der Gebrauchswert spiegelt sich in der Nützlichkeit eines Produktes für dessen Nutzer wider.

Den Gebrauchswert bestimmende Produktmerkmale sind zum Beispiel: Genauigkeit, Gebrauchssicherheit, Funktionalität, Funktionssicherheit, Aussehen (Design), Zuverlässigkeit, Verarbeitungsqualität und Umweltverträglichkeit.
In Zeitschriften oder im Internet werden Informationen über Testberichte vorgestellt. Diese Berichte sind oft von Verbraucherberatungsstellen, dem TÜV, der Stiftung Warentest oder anderen Vereinen verfasst. Sie helfen uns, gleichartige Produkte miteinander zu vergleichen. Es gibt auch zahlreiche Internetforen, in denen Käufer ihre Erfahrungen veröffentlichen.

> Warentests sind Prüfverfahren, die Produkteigenschaften ermitteln und diese mit Eigenschaften ähnlicher Produkte vergleichen.

Testergebnisse werden vor allem durch Messen, Wiegen, Prüfen, Beschreiben, Befragen oder Berechnen gewonnen. Nach der Bestimmung der Testkriterien muss entschieden werden, wie wichtig die Kriterien sind, sodass eine Rangfolge sowie ein Bewertungsmaßstab festgelegt werden können. Nur selten sind ein niedriger Preis und ein schönes Aussehen gute Indizien für ein gebrauchsfähiges und langlebiges Produkt.

> **1** Berechne, wie lange der Fön von Tabea (Tabelle oben links) in Betrieb war, wenn auch er eine Leistungsaufnahme von 1 000 W hat und auch bei ihr die Energiekosten 27 Cent pro kWh betragen.
>
> **2** Berechne die Jahreskosten der Elektroenergie für eine Tätigkeit, die du regelmäßig ausführst und bei der du Elektroenergie nutzt, zum Beispiel Zähneputzen mit der elektrischen Zahnbürste.
>
> ★ **3** Informiere dich über verschiedene Energiekostenmessgeräte für den Hausgebrauch und stelle Produktinformationen (wie Preis, Messgenauigkeit, Handhabung) in einer Tabelle zusammen (vgl. die Abbildungen oben und auch die Beschreibungen zum Gerät von Tabea). Gestaltet ein Verkaufsgespräch mit Kundenberatung.

Verbrauchsstelle: Kuckucksweg 1, 23456 Musterstadt
Familie Johann Watt

Jahresabrechnung

1. Berechnung Ihres Verbrauches

Zählernummer	Zählwerk	Zeitraum von – bis	Zählerstand (kWh) alt	Zählerstand (kWh) neu	Verbrauch (kWh)
8000143935DIB	1	01.01.12 – 31.12.12	46 848	48 620	1772

2. Berechnung Ihres Arbeitspreises

Zeitraum von – bis	Verbrauch (kWh)	Tarif	Arbeitspreis (€/kWh)	Nettobetrag (€)	Umsatzsteuer (19%) in €	Bruttobetrag (€)
01.01.12 – 31.12.12	1772	Standard	0,20	354,40	67,34	421,74

3. Berechnung Ihres Grundpreises

Zeitraum von – bis	Monate	Tarif	Grundpreis (€/Monat)	Nettobetrag (€)	Umsatzsteuer (19%) in €	Bruttobetrag (€)
01.01.12 – 31.12.12	12	Standard	9,99	119,88	22,78	142,66

4. Berechnung Ihrer Gesamtsumme

Gesamtsumme (€)	Nettobetrag und Bruttobetrag aus 2. und 3.	474,28	90,12	564,40

Ausschnitt aus einer Rechnung für Elektroenergie

Die persönliche Energiebilanz

„Schon wieder eine Gebührenerhöhung", stöhnt Saschas Mutter laut, als sie den Brief von den Stadtwerken öffnet. „Zum Glück haben wir immer darauf geachtet, Elektrogeräte mit einem möglichst geringen Energiebedarf zu kaufen."
"Wir müssen jetzt genau prüfen, wie wir mit Energie sparsamer umgehen können", beschließt Sascha.
Eine Möglichkeit, um den Energiebedarf eines jeden einzelnen oder auch jedes Haushalts über einen bestimmten Zeitraum zu ermitteln, bietet die Energiebilanz. Mit Energiebilanzen arbeiten auch Unternehmen oder Nationen.

> Eine Energiebilanz ist eine Übersicht über Aufkommen, Umwandlung und Verwendung von Energieträgern für eine Einheit (z.B. Familie, Betrieb, Volkswirtschaft) während eines bestimmten Zeitabschnitts. In der Bilanz werden auch die auftretenden Verluste berücksichtigt.

Energiebilanzen beziehen sich auf präzise messbare Werte, darüber hinaus aber auch auf Schätzungen aufgrund des Bedarfs an Primärenergie pro Kopf. Jährlich werden in Deutschland etwa 50 000 kWh pro Kopf der Bevölkerung benötigt. Diese Energie steckt beispielsweise in 5 000 Liter Heizöl.

Beispiel für eine Energiebilanz

Die Energiebilanz der Familie Watt könnte so aussehen (vgl. Tabelle oben rechts):
- Wir ermitteln den Bedarf an Nutzenergie im vergangenen Jahr. Einiges können wir zurückverfolgen, beispielweise durch Rechnungen der Energieversorger, auch aus dem Tachometerstand des Autos.

Familie Watt besteht aus drei Personen. Auf ihrer Energierechnung für Elektroenergie des vergangenen Jahres sind 3 300 kWh ausgewiesen. Für die Zentralheizung haben sie 2 400 Liter Heizöl verbraucht und mit dem Auto haben sie 20 000 km zurückgelegt. Das Auto

	Elektr. Energie	Gas	Öl	Kohle	Benzin	Diesel	
Energiebedarf	3 300 kWh	0 m³	2 400 l	0 kg	1 600 l	0 l	
Umrechnungs- faktor in kWh	X 1	X 10	X 10	X 8,14	X 10	X 10	
Bedarf an Endenergie	3 300 kWh	0 kWh	24 000 kWh	0 kWh	16 000 kWh	0 kWh	Summe: 43 300 kWh
Verlustfaktor	X 3,0	X 1,06	X 1,08	X 1,1	X 1,08	X 1,08	
Bedarf an Primärenergie	9 900 kWh	0 kWh	25 920 kWh	0 kWh	17 280 kWh	0 kWh	Summe: 53 100 kWh

Energiebilanz der Familie Watt

benötigt im Durchschnitt acht Liter Benzin auf hundert Kilometer. Das ergibt 1 600 Liter Kraftstoff im Jahr.

- Nun müssen wir die in den Energieträgern enthaltene Energie in eine einheitliche Maßeinheit (kWh) umrechnen. Dazu multiplizieren wir die Nutzenergiemengen mit dem jeweiligen Umrechnungsfaktor, die in der oben stehenden Tabelle mit angegeben sind. Addieren wir die einzelnen Werte für Familie Watt, so ergibt sich ein Energiebedarf von 43 300 kWh.
- Nun müssen wir noch beachten, dass bei der Energieumwandlung von der Primärenergie zur Nutzenergie Verluste auftreten. Wir multiplizieren die Werte also mit dem jeweiligen Verlustfaktor. Dabei wird beispielsweise berücksichtigt, dass für die beim Endkunden ankommende Elektroenergie 3-mal mehr Primärenergie benötigt wurde. Für Familie Watt werden somit 53 100 kWh berechnet.
- Wir vergleichen das Ergebnis mit dem statistischen Durchschnittswert pro Kopf der Bevölkerung. Für Familie Watt müssen wir durch drei Personen teilen. Es ergeben sich so 17 700 kWh pro Kopf.
- Wir diskutieren das Ergebnis. Wieso hat Familie Watt im Vergleich zum Durchschnitt einen so geringen Bedarf? Was haben wir nicht erfasst? Nicht erfasst haben wir beispielsweise,

dass Frau Watt täglich mit dem Bus zur Arbeit fährt und dieser natürlich auch Energie benötigt. Ihr Büro und die Schule der Tochter müssen im Winter auch geheizt werden. Auch hierfür wird Energie gebraucht.

1 Überprüfe die Energie-Label für drei Haushaltsgeräte in eurem Haushalt. Fertige eine Tabelle an und ordne die Geräte von der niedrigsten zur höchsten Verbrauchsgruppe.

★ **2** Das Internet bietet verschiedene Möglichkeiten, seinen persönlichen Energiebedarf zu ermitteln. Bereite eine Präsentation vor und stelle eine solche Möglichkeit vor. Bewerte die Vor- und Nachteile des Verfahrens.

★ **3** Ermittle die Energiebilanz für eure Familie. Vergleiche die Ergebnisse mit denen der Familie Watt. Was stellst du fest? Nimm zum Ergebnis Stellung.

★★ **4** Sammelt Argumente pro und kontra zu der These, dass höhere Energiekosten zu weniger Arbeitslosen führen könnten. Entwickelt aus der Argumentation eine Collage.

Vielfältige Nutzenergien im Haushalt

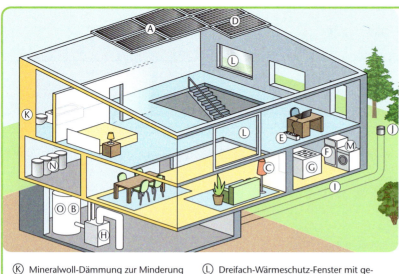

Legende
- Ⓐ Sonnenkollektoren für Warmwasser
- Ⓑ Warmwasserspeicher ist mit Sonnenkollektoren und Blockheizkraftwerk verbunden
- Ⓒ Energiesparlampen für geringeren Stromverbrauch
- Ⓓ Fotovoltaikanlage zur Gewinnung elektrischer Energie
- Ⓔ Mehrfachstecker mit Kippschalter stoppt Stand-by-Verluste
- Ⓕ Kühlschrank mit Effizienzklasse A+++
- Ⓖ Gasherd kocht effizient
- Ⓗ Blockheizkraftwerk für warmes Wasser und warme Luft
- Ⓘ Erdreichwärmetauscher erwärmt die Luft im Winter und kühlt sie im Sommer
- Ⓙ Lüftungsrohr saugt Frischluft an
- Ⓚ Mineralwoll-Dämmung zur Minderung von Wärmeverlusten, davor Lehmputz zum Wärmespeichern und zum Regulieren der Luftfeuchtigkeit; Wandheizung unter dem Lehmputz liefert angenehme Wärme; Fassadenfarbe mit Lotus-Effekt: Schmutz perlt durch Oberflächenstruktur ab
- Ⓛ Dreifach-Wärmeschutz-Fenster mit gedämmtem Rahmen und Beschichtung zum Selbstreinigen halten die Wärme besser
- Ⓜ Waschmaschine mit 2 Anschlüssen erhält warmes Wasser aus den Sonnenkollektoren und kaltes aus dem Regenwasserspeicher
- Ⓝ Abfallsammelsystem zum Mülltrennen
- Ⓞ Regenwasseranlage für Brauchwasser

Das Haus der Zukunft gibt es schon

Entwicklungstendenzen der Energiewirtschaft

Wie soll es weitergehen, wenn Menschen immer mehr Energie benötigen, die Energiereserven aber immer knapper werden? Diese Frage muss aus unterschiedlichen Perspektiven beantwortet werden.

Perspektive der Politik

Die Politik muss Rahmenbedingungen und Anreize für Unternehmen oder auch Haushalte schaffen.

Die Bundesregierung kann ihre umweltpolitischen Ziele unter anderem durch gesetzliche Rahmenbedingungen für eine Förderung von umweltfreundlicher und möglichst verbrauchsnaher Energieversorgung verfolgen.

Eine wichtige Rahmenbedingung schafft beispielsweise das Erneuerbare-Energien-Gesetz. Es regelt die bevorzugte Einspeisung von Strom aus erneuerbaren Quellen ins Stromnetz und garantiert deren Erzeugern eine feste Vergütung. Darüber hinaus erhöhen erneuerbare Energieträger den Technologiewettbewerb und fördern so Innovationen. Die Orientierung an einer verbrauchsnahen Energieversorgung regt Investitionen in dezentrale Erzeugungsanlagen an. Schätzungen für die Zukunft gehen davon aus, dass im Jahr 2020 rund ein Viertel der gesamten Kraftwerksleistung aus dezentralen Erzeugungsanlagen mit Kraft-Wärme-Kopplung in so genannten Zuhause-Kraftwerken stammen wird.

Perspektive der Energieunternehmen

Sie müssen bestehende technische Lösungen verbessern und neue Lösungen schaffen.

Die technologische Entwicklung zur Nutzung erneuerbarer Energien und auch dezentraler Anlagen zur Energieerzeugung schreitet schnell voran. Zahlreiche Technologien und Innovationen wurden erfolgreich erprobt und sind oder werden marktreif. Dezentrale Erzeugungsanlagen werden die vorhandenen und zukünftigen Großkraftwerke ergänzen.

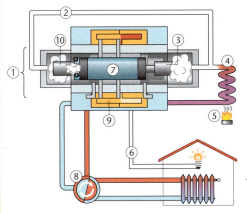

Funktionsprinzip: Kraft-Wärme-Kopplung

Wichtige Bauteile
1 Linearmotor
2 Dampfleitung
3 rechter Zylinder
4 Rohrverdampfer
5 Brenner
6 Stromabführung
7 Doppelfreikolben
8 Wärmetauscher
9 Spule
10 linker Zylinder

Ein Brenner erzeugt Dampf, der einen doppelten Kolben im Linearmotor durch gezielt eingeleitete Dampfzugabe hin- und herschwingen lässt. Eine mit dem Kolben fest verbundene Spule erzeugt dann in einem starken Magnetfeld den elektrischen Strom. Die anfallende Wärme wird parallel zur Stromerzeugung dem Heizungskreislauf und der Warmwasserversorgung zugeführt. Im Ergebnis wird dadurch ein Wirkungsgrad von über 96 % möglich.

In diesem System gelingt die Stromerzeugung angepasst und dezentral durch folgende Merkmale:
- Ein bewährter Brenner dient als Dampferzeuger.
- Das Wasser zur Dampferzeugung befindet sich in einem geschlossenen Kreislauf.
- Der Lineargenerator wird nur mit Dampf angetrieben, er benötigt keinen wartungsintensiven Verbrennungsmotor.

Zuhause-Kraftwerk: Aufbau und Funktionsprinzip

Perspektive der Verbraucher

Sie müssen mit Energie noch verantwortungsvoller umgehen, ohne dass ihre Lebensqualität deutlich eingeschränkt wird.
Aufgrund steigender Kosten für Modernisierung und Klimaschutz sowie wegen der begrenzten Verfügbarkeit kostengünstiger Primärenergieträger müssen sie sich langfristig auf höhere Strompreise einstellen. Durch den Wunsch nach stetiger Verbesserung der eigenen Lebenssituation steigen allerdings auch ihre Ansprüche weiter. Dies äußert sich im Bereich der Energieverwendung beispielsweise durch vermehrten Einsatz von Effektbeleuchtung, Wellness-Anwendungen im Haushalt oder den Trend zu mehr Unterhaltungselektronik.

Das Zuhause-Kraftwerk – ein Beispiel

Wenn beispielsweise die Bundesregierung die verbrauchsnahe Bereitstellung von Wärme und Strom fördern will, dann müssen Unternehmen hierfür technische Lösungen schaffen. Eine solche technische Lösung ist das Zuhause-Kraftwerk.
Vorteilhaft für diese dezentrale Erzeugung ist nicht nur die Nähe zum Verbraucher, sondern auch der im Vergleich zu zentralen Anlagen höhere Wirkungsgrad. Das bedeutet, dass die Primärenergie besser umgewandelt wird. Allerdings sind die Beschaffungskosten für solche Anlagen der Energieversorgung noch sehr hoch. Deshalb wird über eine finanzielle Unterstützung versucht, die Verbraucher für möglichst umweltfreundliche Anlagen zu gewinnen.

> Energieprobleme der Zukunft lassen sich nur regional und global sowie im Zusammenwirken von Politik, Unternehmen und Verbrauchern lösen.

1 Bereite eine Präsentation zum energiesparenden Haus vor. Orientiere dich an der Abbildung und den Erläuterungen dazu auf den Seiten oben.

2 Recherchiere im Internet aktuelle umweltpolitische Ziele der Bundesregierung. Stelle zwei Ziele zur Energiepolitik vor und erläutere diese. Gestalte dazu eine Mindmap.

★ 3 Vergleiche das Funktionsprinzip des oben dargestellten Systems zur dezentralen Energieerzeugung mit dem von Großkraftwerken. Nenne Gemeinsamkeiten und Unterschiede.

6 Das kann ich!

Energie wirksam nutzen

A Prüfen und Messen: Elektrischer Strom; elektrische Spannung und Leistung

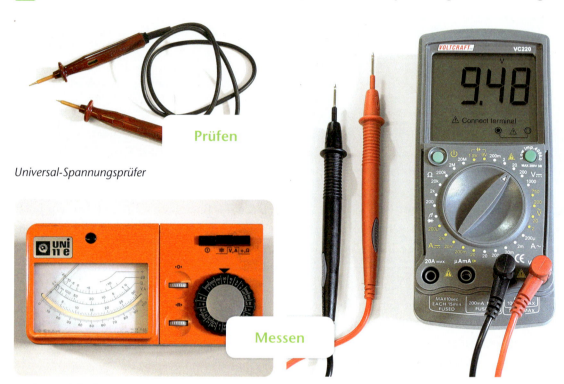

Universal-Spannungsprüfer

Analoges Vielfachmessgerät

Digitales Vielfachmessgerät

B Der Energievorrat sinkt

Prinzipien nachhaltiger Entwicklung:

- Die Nutzung einer erneuerbaren Ressource darf nicht größer sein als ihre Regenerationsrate.
- Die Nutzung nicht erneuerbarer Ressourcen muss minimiert werden. Ihre Nutzung soll nur in dem Maße erfolgen, in dem gleichwertiger Ersatz in Form erneuerbarer Ressourcen geschaffen wird.

C Perpetuum Mobile

(lat.: perpetuum = unaufhörlich; mobilis: beweglich)

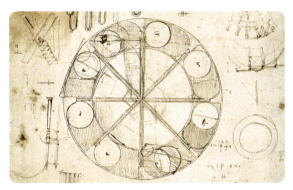

Entwurf von Leonardo da Vinci (Deutsches Museum München)

Eine Maschine zu bauen, die ständig Arbeit verrichtet, ohne dass man ihr Energie zuführen muss, ist ein alter Menschheitstraum.

Die Idee von Leonardo da Vinci: Kugeln, die sich in den Rinnen jeweils auf der rechten Radseite ganz außen, auf der linken ganz innen befinden, erzeugen eine ständige Drehbewegung. Weil die Kräfte rechts stets größer sind, dreht sich das Rad unaufhörlich im Uhrzeigersinn.

Wichtige Begriffe

Nutzenergie
Wirkungsgrad
Technik
Schutzmaßnahme
Stand-by
Produkteigenschaften
Energiebilanz

Wissen und erklären

1. Erklärt euch gegenseitig die wichtigen Begriffe.
2. Nenne die Einheiten, in denen die elektrischen Größen Strom, Spannung und Leistung gemessen werden.
3. Erläutere die Beziehungen zwischen den elektrischen Größen Strom, Spannung und Leistung sowie zwischen Prüfen und Messen. Mit welchem Gerät kann welche Größe gemessen bzw. geprüft werden? Nutze die Fotos zu (A).
4. Begründe, warum sich das Rad beim Perpetuum Mobile nicht unaufhörlich im Uhrzeigersinn drehen kann. Nutze die Fotos zu (C).
5. Begründe, warum Energie nicht erzeugt, sondern nur gewandelt werden kann, und der Wirkungsgrad dabei stets kleiner als 1 sein muss.

Informationen beschaffen und auswerten

6. Recherchiere, wie sich die Idee zum Perpetuum Mobile historisch entwickelt hat, und bereite eine Präsentation zu einer ausgewählten Idee vor. Bestimme die jeweilige End- und Nutzenergie.

Beurteilen, entscheiden und handeln

7. Schreibe eine Kurz-Gebrauchsanweisung zum Umgang mit dem von euch benutzten Energiekostenmessgerät.
8. Was will der Künstler mit seiner Karikatur (B) ausdrücken? Beziehe bei deiner Deutung die Prinzipien nachhaltiger Entwicklung mit ein.

Technik bewerten

> „Das dringendste Problem der Technologie von heute ist nicht mehr die Befriedigung von Grundbedürfnissen und uralten Wünschen der Menschen, sondern die Beseitigung von Übeln und Schäden, welche uns die Technologie von gestern hinterlassen hat."
> Dennis Gabor (1900-1979), Physiker, Nobelpreisträger

So gehen wir vor

1. • Gerät auswählen und Zweck des Gerätes bestimmen

2. • Bewertungskriterien bestimmen

3. • Bewertungskriterien gewichten

4. • Geräte vergleichen und Testergebnisse zusammenfassen

Kriterien zur Bewertung von Technik im Haushalt

Sicherheit	Kosten	Pflege und Wartung
Erfüllt das Gerät die allgemeinen Sicherheitsbestimmungen? z.B.: Hat es ein Prüfsiegel? Sind die verwendeten Materialien haltbar, z.B. stoßfest?	z.B.: Lohnen sich die Anschaffungskosten? Welche Folgekosten treten z.B. für den Energiebedarf auf? Welche Zusatzgeräte müssen angeschafft werden?	z.B.: Lassen sich das Gerät und auch seine Einzelteile gut reinigen und warten? Wie hoch ist der Zeitaufwand für die Reinigung im Vergleich zur Betriebszeit?
Raumbedarf	**Umweltverträglichkeit**	**Handhabbarkeit/Formschönheit**
Wo soll das Gerät später benutzt werden? Wird das Gerät bei Nichtbenutzung gesondert aufbewahrt? Steht dieser Platz zur Verfügung?	z.B.: Wie wirkt sich der Einsatz des Gerätes auf die Umwelt aus? Welche Folgebelastungen könnten auftreten?	z.B.: Ist das Gerät der Handform angepasst? Sind die Bedienelemente gut zu erreichen? Gefällt mir das Aussehen des Gerätes?

7 Auf dem Weg zu einer sicheren und umweltverträglichen Energieversorgung

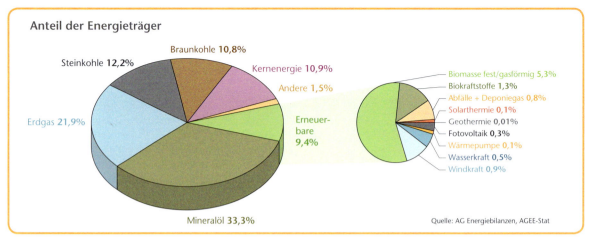

Primärenergieverbrauch in Deutschland 2011

Probleme der Energieversorgung weltweit

In Deutschland werden unterschiedliche Energieträger für die Primärenergieversorgung genutzt. Man spricht von einem Energiemix, siehe die Abbildung oben. Fossile Energieträger (Mineralöl, Kohle, Erdgas) tragen zu fast 80 Prozent zum Primärenergieverbrauch bei.

Dieser Mix hat sich in den letzten Jahren insbesondere zu Lasten der Kohlen und zugunsten von Erdgas und erneuerbaren Energien verändert. Mit dem Beschluss der Bundesregierung, bis zum Jahr 2022 die Atomkraftwerke in Deutschland vom Netz zu nehmen, wird Kernenergie bald ganz verschwinden. Generell werden sich die Anteile der einzelnen Energieträger an der Versorgung zukünftig weiter verschieben.

> Die Primärenergieträger Erdöl, Kohle und Erdgas bilden das Fundament der Energieversorgung in der BRD.

Dafür gibt es verschiedene Gründe: Einerseits sind es technische Ursachen. Noch vor 30 Jahren war es undenkbar, Windkraftanlagen mit einer Gesamthöhe von über 200 Metern zu bauen. Darüber hinaus sind die Reichweiten der Energieträger unterschiedlich. Das sind aber nicht die Hauptgründe, ausschlaggebend für die Verbrauchsstruktur waren in der Vergangenheit vor allem wirtschaftliche, aber auch politische Gründe.

Von der Kohle zum Öl

Am deutlichsten wird dies beim Erdöl. Ein Barrel Öl (ein Fass mit rund 160 Litern) kostete während des so genannten „goldenen Zeitalters des billigen Öls" zwischen dem Ersten Weltkrieg und der ersten Ölkrise 1973 deutlich weniger als 10 Dollar. Das billige Rohöl verdrängte die Braun- und Steinkohle nicht nur aus den Heizungen in Wohnhäusern, sondern teilweise auch aus den Kraftwerken. Gerade die großen Kraftwerke zur Erzeugung von Elektroenergie wurden traditionell mit Kohle beheizt. Erst die weltweiten Preissteigerungen für Erdöl in den siebziger Jahren des letzten Jahrhunderts, aber auch in unserem Jahrtausend (2008 und 2011), sowie die ständige Furcht vor weiteren Preiserhöhungen bremsten die Nachfrage nach Erdöl. Der internationale Ölmarkt ist auch politisch immer unsicherer geworden. Dies hatte zunächst eine Rückbesinnung auf den einzigen fossilen Primärenergieträger zur Folge, der in Deutschland reichlich vorhanden ist: die Kohle. Außerdem führte das zunehmende Bewusstsein für Klimaschutz zu einer vermehrten Hinwendung zu erneuerbaren Energien.

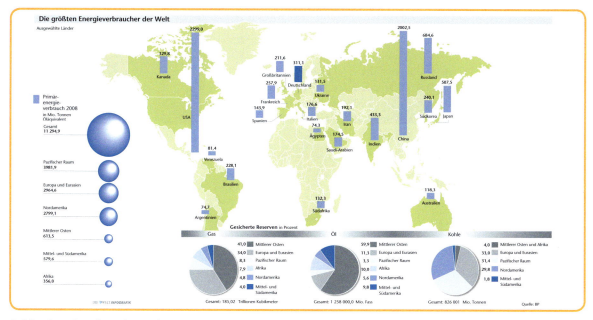

Größte Energieverbraucher weltweit

Nachhaltige Entwicklung

Nachhaltige Entwicklung und Klimaschutz stehen spätestens seit der Weltkonferenz für Umwelt und Entwicklung 1992 in Rio de Janeiro auf der Tagesordnung nicht nur von politischen Diskussionen. Erste Erfolge zum Beispiel im Bereich des Klimaschutzes werden sichtbar. Das Kyoto-Protokoll zur Reduzierung der Treibhausgas-Emissionen gilt seit 2005. Es legt erstmals völkerrechtlich verbindliche Zielwerte für den Ausstoß von Treibhausgasen in den Industrieländern fest, welche die hauptsächliche Ursache der globalen Erwärmung sind.

> Treibhausgase sind unter anderem Kohlenstoffdioxid (CO_2), Methan (CH_4) sowie verschiedene Kohlenwasserstoffe.

Allerdings stellen sich die USA mit dem größten Schadstoffausstoß immer noch quer und bestehen darauf, andere Wege gehen zu wollen. Der überwiegende Rest der Welt (im Dezember 2011 waren es 193 Staaten sowie die Europäische Union) hat sich jedoch der Gemeinschaft angeschlossen und damit einen ersten Schritt unternommen.

1. Erkläre, warum unsere Energieversorgung auf einem Energiemix basiert. Nenne Vor- und Nachteile für einen solchen Mix.

2. Erläutere, was du unter Klima verstehst. Nenne Merkmale, die den Treibhauseffekt charakterisieren.

★ 3. Nimm Stellung zu der Tatsache, dass Deutschland einerseits zunehmend Steinkohle importiert und auf der anderen Seite zahlreiche Steinkohlezechen in unserem Land geschlossen wurden.

★★ 4. Zeichne ein Tortendiagramm und stelle darin dar, wie ein Mix der Primärenergieträger in der BRD im Jahr 2020 aussehen könnte. Begründe deine Vermutungen.

★★ 5. Interpretiere die Aussage eines Energieexperten: „82 Prozent der Weltbevölkerung erwirtschaften 25 Prozent des globalen Bruttoinlandsproduktes – und benötigen dafür mehr als 50 Prozent der Energie."

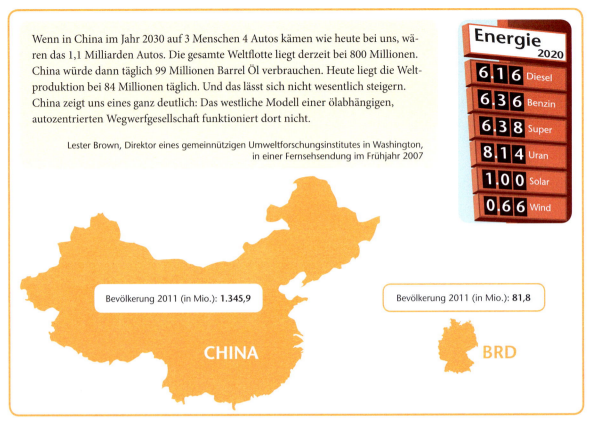

Energie und Lebensstil (Quelle: Stiftung Weltbevölkerung)

Endlichkeit der Ressourcen – Energiekrise in Sicht?

In einer Zeit ständig steigender Benzinpreise wird die Endlichkeit der Energievorräte in der Welt besonders deutlich. Die Weltwirtschaft wie auch die meisten Pendler sind von der Entwicklung der Ölpreise abhängig. Die Preiserhöhungen werden vor allem mit höheren Beschaffungskosten für Rohöl und mit geringeren Fördermengen weltweit erklärt. Ursachen dafür sind vielfach Konflikte zwischen verschiedenen Staaten sowie politische Unruhen vor allem auch in erdölexportierenden Ländern.

Langfristig steigende Preise für Öl, andere Energieträger und Rohstoffe und erste Kriege um Öl und Ressourcen sind Hinweise auf kommende Konflikte. Wenn die Preise für Energie und Rohstoffe zukünftig massiv steigen, wenn die Armen im Winter frieren und hungern, werden wir weitere soziale Verwerfungen und Konflikte erleben.

Wie lange reichen die weltweiten Energievorräte?

Die Angaben im Internet und in den Medien darüber, wie lange die weltweiten Energievorräte reichen, sind sehr unterschiedlich und häufig interessengeleitet.

Bei einer Expertenbefragung verwunderte die Antwort eines Geologen auf die Frage "Wie lange reicht denn das Öl noch?" Seine Antwort auf diese Frage war ebenso einfach wie verblüffend. Sie lautete: „Ewig."

Nach einer kleinen Pause gab er seine Erklärung. Er meinte, die Frage müsse ganz anders formuliert werden, nämlich: „Wie lange reicht noch das billige Öl, das unseren Lebensstandard in den letzten Jahrzehnten so wunderbar erhöht hat? Und für wie viele Menschen wird es bei ständig zunehmender Weltbevölkerung reichen?"

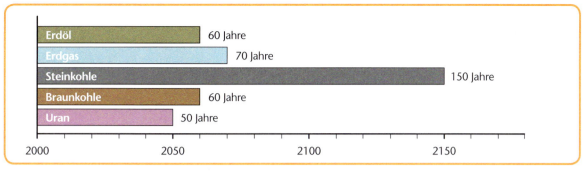

Reichweite ausgewählter Energieträger (Quelle: RWE)

Das Erdölfeld Mittelplate vor der Westküste Schleswig-Holsteins wird nun auch von Land aus erschlossen (Quelle: RWE Dea AG)

Gasfund im Nil-Delta: Die Flamme ist der sichere Beweis für Erdgas (Quelle: RWE Dea AG)

In der Öffentlichkeit werden in unterschiedlichen Quellen auch unterschiedliche Prognosen zur Reichweite der fossilen Energieträger genannt. Ursache hierfür sind unterschiedliche Betrachtungsweisen. Geologen gehen in ihren Schätzungen eher vom aktuellen Stand der Technik und hoher Wirtschaftlichkeit der Energiegewinnung aus. Sie sprechen von einer konventionellen Gewinnung. Demgegenüber nehmen Ökonomen an, dass in einigen Jahren durch technischen Fortschritt und neue Technologien eine Erschließung auch ungünstiger Lagerstätten wirtschaftlich möglich ist.

Öl und Erdgas werden also in naher Zukunft nicht versiegen, aber die Preise für diese Stoffe werden durch Verknappung und die aufwändigere Förderung weiter steigen. Nicht-konventionelle Erdöle wie Ölsand oder Ölschiefer werden zukünftig eine immer größere Rolle bei der Energieversorgung spielen. Ob ihre Gewinnung wirtschaftlich ist, hängt jedoch in hohem Maße von der weiteren Entwicklung des Ölpreises ab.

> Wird vom heutigen Energiemix ausgegangen, dann wird Erdgas eine ungefähr 10 bis 15 Jahre längere Reichweite als Öl haben. Steinkohle könnte doppelt so lange zur Verfügung stehen.

1 Ermittle, in welchen Regionen der Welt sich die größten Reserven an Primärenergieträgern befinden. Trage deine Ergebnisse in eine Weltkarte ein.

★ **2** Ein Experte meint: „Vor 40 Jahren hat man geunkt, dass das Öl in 40 Jahren alle ist, und heute haben wir immer noch Reserven für 40 Jahre. Ende der Diskussion!" Deute, was der Experte mit seiner Aussage zum Ausdruck bringen will.

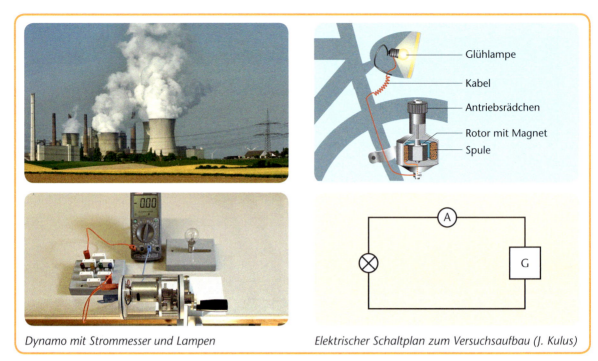

Dynamo mit Strommesser und Lampen *Elektrischer Schaltplan zum Versuchsaufbau (J. Kulus)*

Elektroenergiegewinnung

Energiegewinnung in Kraftwerken

Elektroenergie ist keine Primärenergie, somit steht sie nicht in natürlich vorkommenden Energieformen oder Energiequellen zur Verfügung. Elektroenergie muss aus Primärenergieträgern gewonnen werden. Dazu werden diese umgewandelt. Das geschieht vor allem in Kraftwerken in verschiedenen Stufen.

In einem Wärmekraftwerk wird chemisch gebundene Energie mit Hilfe von Dampferzeugern, Turbinen und Generatoren in elektrische Energie umgewandelt.

Generatoren als Energiewandler

Ein Generator ist uns nicht unbekannt. Fast jeder hat so ein technisches Gebilde auch schon angefasst. Der kleine Fahrraddynamo funktioniert im Prinzip genauso wie ein riesengroßer Kraftwerksgenerator.

Die Energie der Drehbewegung des Fahrrades wird genutzt, um den Dynamo anzutreiben. Er besteht aus verschiedenen Spulen und Magneten. Das Antriebsrädchen sorgt dafür, dass sich die Magneten im Inneren drehen. Im Gehäuse des Dynamos sind die feststehenden Spulen mit Eisenkern angebracht. Durch die Drehbewegung (Rotation) des Magneten an den Spulen vorbei entsteht in den Spulen eine Spannung, die elektrischen Strom durch die Kabel zu den Lampen fließen lässt. Der oben abgebildete Versuchsaufbau stellt uns das Prinzip nochmals anschaulich dar.

Mit der Hand müssen wir eine große Kraft aufwenden, damit sich der Rotor im Gehäuse des Dynamos dreht. Wenn sich der Rotor dreht und der Stromkreis geschlossen ist, fließt elektrischer Strom, den wir mit Hilfe des Messgerätes genau ermitteln können. Darüber hinaus sehen wir am Leuchten der Lampen, dass elektrische Energie vorhanden ist.

Der Generator ist das Kernstück eines jeden Kraftwerks.

> Ein Generator ist eine elektrische Maschine, die Bewegungsenergie (mechanische Energie) in elektrische Energie umwandelt.

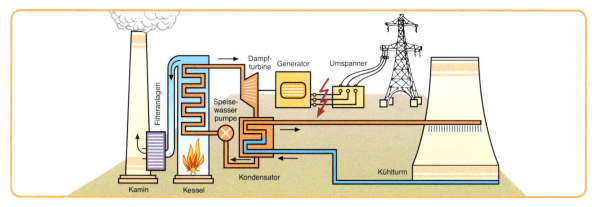

Aufbau eines Wärmekraftwerks

Energieumwandlung in Kraftwerken

Die Funktion eines Generators beruht auf dem von MICHAEL FARADAY 1831 entdeckten Prinzip der elektromagnetischen Induktion. Im Generator wird das Prinzip der Induktion durch Bewegung angewendet: Durch Bewegung eines Leiters in einem Magnetfeld wird eine Spannung erzeugt.
Damit die Generatorwelle in Bewegung versetzt werden kann, muss die notwendige Bewegungsenergie verfügbar sein. Rotationsenergie wird benötigt. Auch diese muss bereitgestellt werden. Dazu werden verschiedene technische Anlagen und Prinzipien genutzt.

Energieumwandlung in der Dampfturbine
In Wärmekraftwerken wird Wasserdampf mit einer Temperatur von mehreren hundert Grad Celsius erzeugt. Diese Wärme wird in einer Dampfturbine in mechanisch nutzbare Arbeit umgewandelt. Die Dampfturbine wird mit einem Generator gekoppelt, in dem dann die mechanische in elektrische Energie umgewandelt wird. Der Dampf wird anschließend in einem Kondensator wieder zu Wasser abgekühlt und zur erneuten Erhitzung in den Kessel (Dampferzeuger) zurückgeführt.

In Wasser- und Windkraftwerken wird die Bewegungsenergie des fließenden Wassers oder des Windes genutzt, um den Rotor im Generator in Bewegung zu versetzen und so elektrische Energie zu gewinnen.

1 Nenne drei Orte, an denen sich in deinem Bundesland Kraftwerke befinden.

2 Die Induktion durch Bewegung wird auch Generatorprinzip genannt. Erkläre den Vorgang der Induktion.

★ 3 Erkläre Aufbau und Funktion eines Fahrraddynamos (Fahrradlichtmaschine).

★ 4 Beschreibe Aufbau und Funktion eines Wärmekraftwerks. Nutze die Abbildung oben. Erläutere vor allem, wo eine Energieform in eine andere umgewandelt wird.

Windkraftanlage

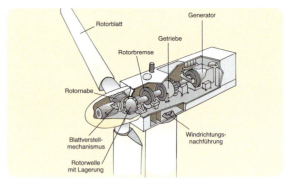
Windkraftanlage mit Rotor und Generator

Energie aus Wind und Wasser

Windmühlen lieferten Jahrhunderte lang mechanische Energie für den Antrieb von Mahl- und Sägewerken, aber auch von Wasserpumpen. Diese Windmühlen dienten auch als Vorbild für moderne Windkraftanlagen, mit denen das kostenlose und unendliche Energieangebot des Windes für die Erzeugung von Elektroenergie genutzt werden kann. Die Windenergie hat in den letzten 20 Jahren in Deutschland eine beispiellose Entwicklung erlebt. Ihre Bedeutung soll zukünftig noch zunehmen. So soll der Anteil der Windenergie an der Gesamtstromerzeugung in Nordrhein-Westfalen bis zum Jahr 2020 auf mindestens 15 Prozent steigen.

Die Anzahl der Windkraftanlagen ist nicht nur gewachsen, vor allem sind die Anlagen auch immer größer und leistungsfähiger geworden.

Eine Windkraftanlage besteht aus einem Mast, einer Gondel, in der die wichtigsten mechanischen und elektrotechnischen Teile untergebracht sind, dem Rotor und der Gründung.

Die Gesamthöhe vieler Anlagen beträgt inzwischen über 200 m. Dabei haben die Rotorblätter Durchmesser von über 90 m. Aber auch Durchmesser über 120 m sind nicht mehr ungewöhnlich.

Energieumwandlung im Windkonverter

Die Natur liefert mit dem Wind Strömungsenergie, der Generator benötigt jedoch Rotationsenergie. Ein Windkonverter (vertere, lat. wenden, verwandeln) ist eine Maschine, die die Strömungsenergie des Windes in Rotationsenergie umformt.

Elektrische Energie kann jedoch nur dann erzeugt werden, wenn der Wind weht. Es gibt aber Tage mit Windstille oder starkem Wind. Dementsprechend hoch oder niedrig ist die elektrische Energieausbeute. Auch weht der Wind aus verschiedenen Richtungen. Das ist bei der Konstruktion und dem Aufstellen der Anlagen zu beachten.

> Eine Windkraftanlage „erntet" mit ihren Rotorblättern die Energie des Windes und überträgt sie auf den Generator. Dieser wandelt die Windenergie in elektrische Energie um, die in das Stromnetz eingespeist wird.

Streit um Standorte

Nach wie vor gibt es heftige Diskussionen bei der Standortwahl. Oft werden durch die Windkraftanlagen Landschaftsbilder zerstört. Auch die Lärmbelästigung ist Gegenstand von Auseinandersetzungen.

Durch die Möglichkeit, vorhandene Windkraftanlagen durch so genanntes „Repowering" zu modernisieren, soll verhindert werden, dass durch den Ausbau der Windenergienutzung noch mehr Windräder entstehen. Bei dem „Repowering" werden alte Anlagen durch neue effiziente und leistungsstarke Anlagen am gleichen Standort ersetzt.

Strom aus Wasserkraft

Gezeitenkraftwerk

Wasserkraft treibt Turbinen an

Jede Sekunde verdunsten auf der Erde viele Millionen Kubikmeter Wasser, eine unvorstellbare Menge. Das Wasser gelangt als Niederschlag wieder auf die Erde zurück. So haben wir einen natürlichen Wasserkreislauf. Wenn Niederschläge nicht auf Meereshöhe fallen, entsteht aus dem Höhenunterschied ein großes Potenzial an Wasserkraft. Weltweit werden derzeit knapp 20 % des Bedarfs an elektrischer Energie aus Wasserkraft gedeckt. Das nutzbare Potenzial an Wasserkraft ist jedoch nach Meinung von Experten etwa fünfmal so groß, sodass Wasserkraftwerke einen wichtigen Beitrag zur Lösung des Weltenergieproblems leisten könnten. Vor allem in Afrika und Asien sieht man ein hohes Wachstumspotential der Wasserkraft. Im dicht besiedelten Europa erscheint ein weiterer Ausbau problematisch.

> In Wasserkraftwerken wird die Energie des aufgestauten oder fließenden Wassers durch Turbinen und Generatoren in elektrische Energie umgewandelt.

Verschiedene Kraftwerksarten

Die mechanische Energie des Wassers wurde früher in Mühlen direkt genutzt. Seit etwa hundert Jahren wird diese Energie zur Stromerzeugung verwendet. Dazu wurden unterschiedliche Kraftwerksarten entwickelt.
- Laufwasserkraftwerke nutzen das natürliche Gefälle eines Flusses.
- Speicherwasserkraftwerke nutzen zur elektrischen Energiegewinnung das Gefälle eines höher gelegenen Speichersees und eines tiefer liegenden Kraftwerks. Bei einem Überschuss an elektrischer Energie wird diese genutzt, um eine große Wassermenge in den Speichersee zu pumpen. Bei hohem Energiebedarf lässt man das Wasser aus dem See ablaufen und treibt damit im Kraftwerk die Turbinen an.
- Beim Gezeitenkraftwerk wird die mechanische Energie aus dem Höhenunterschied des Meeres bei Ebbe und Flut in elektrischen Strom umgewandelt. Die Erdumdrehung und die Anziehungskräfte der Sonne und des Mondes bewirken die Gezeiten. Das heißt, dass zu unterschiedlichen Zeiten ein Höchststand des Wassers (Flut) und ein Tiefstand (Ebbe) vorhanden ist. Das durch die Gezeiten verursachte Gefälle zwischen Höchststand und Tiefstand des Wassers wird dann im Kraftwerk ausgenutzt, um den Generator anzutreiben und so Elektroenergie zu gewinnen.

---

1 Informiere dich, wo sich Wind- und Wasserkraftwerke in deiner Nähe befinden. Beschreibe die Standorte.

2 Wasserräder werden seit mehreren tausend Jahren zur Verrichtung von Arbeit verwendet. Bereite einen Vortrag zum Thema „Vom Wasserrad zur Wasserturbine" vor.

3 Vergleiche Wind- und Wasserkraftwerke. Stelle Gemeinsamkeiten und Unterschiede in einer Tabelle dar.

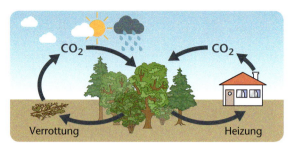

CO₂-Kreislauf

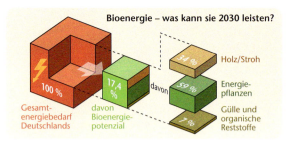

Die Hoffnung ist groß

Energie aus Biomasse und Kernkraft

Biomasse ist nachwachsend

Vor mehr als 1,7 Millionen Jahren entdeckte der Mensch das Feuer und konnte damit seine Lebensqualität deutlich verbessern. Lange Zeit war das Brennholz eine wichtige Lebensgrundlage aller Bevölkerungsschichten. Damit zählt die Biomasse zu den ältesten von Menschen genutzten Energieträgern. Biomasse – das ist die gesamte durch Pflanzen, Tiere und Menschen anfallende oder erzeugte organische Substanz. Die wichtigsten Energieträger sind: Klärgas, Biogas (aus Gülle, Mist, Reststoffen aus der Lebensmittelindustrie oder organischen Haushaltsabfällen), Holzhackschnitzel und Holzpellets aus Waldrestholz oder Holzresten aus der Industrie sowie Stroh.

> Biomasse ist chemisch gespeicherte Sonnenenergie und ein wertvoller Energieträger in ständig nachwachsender Menge.

Das urzeitliche Lagerfeuer ist heute weiterentwickelt. In modernen Anlagen werden effizientere Technologien angewendet, um mit dem nachwachsenden Rohstoff Holz Wärme und Strom zu erzeugen. Während Privathaushalte zunehmend mit Holzpellets heizen, werden in der Industrie sowie in Holzkraftwerken und Holzheizwerken vor allem Holzhackschnitzel und Altholz genutzt. Um aus Biomasse elektrischen Strom zu erzeugen, muss die Masse zunächst verfeuert werden. Mit der dabei gewonnenen Wärmeenergie wird dann Wasser verdampft. Der Dampf treibt wiederum die Turbinen zur Stromerzeugung an. Umgesetzt wird dieses Prinzip zum Beispiel in Biomassekraftwerken, wo feste Biomasse (zum Beispiel Alt- oder Industriehölzer) als Energieträger eingesetzt wird. Man benötigt etwa ein Kilo Holz, um vier Kilowattstunden Strom zu erzeugen. Da Biomasse rund um die Uhr verfügbar und flexibel einsetzbar ist, spielt sie eine bedeutende Rolle bei der Energieversorgung auf Basis erneuerbarer Energien.

Bei der Verbrennung wird kein zusätzliches Kohlendioxid abgegeben. Da jedoch Biomasse nicht aus reinem Kohlenstoff besteht, kann keine saubere, hocheffiziente Verbrennung zustande kommen, sodass andere, teils auch problematische Stoffe, freigesetzt werden. Verbrennen ist somit nicht unbedingt der effizienteste Weg.

Auch Biogasanlagen werden genutzt, um elektrische Energie, aber auch Wärmeenergie oder Kraftstoff zu erzeugen. In Biogasanlagen werden meist Gülle, Mist, aber auch Material aus der Biotonne sowie Energiepflanzen als Substrat eingesetzt. Das Substrat wird in den Anlagen unter Luftabschluss zersetzt.

Die Nutzung der Bioenergie ist jedoch nicht unumstritten. Landwirtschaftlich nutzbare Flächen sind begrenzt. Dort, wo Energiepflanzen angebaut werden, können keine Nahrungsmittel produziert werden. Zugleich müssen die natürlichen Ökosysteme geschützt werden. Wenn für den Anbau von Energiepflanzen Regenwälder abgeholzt werden, wird die Energiegewinnung aus Biomasse klimaschädlich.

Atomkraft – kontra

- **Sicherheit:** Die Atomkraft ist keinesfalls sicher. Immer wieder kommt es zum Austritt radioaktiver Substanzen in die Umwelt.
- **Baudauer:** Von der Planung bis zur Fertigstellung eines Atomkraftwerkes vergehen mitunter Jahrzehnte. Ob der Atomstrom dann bei der Fertigstellung noch kostendeckend produziert werden kann, ist keinesfalls sicher.
- **Entsorgung:** Die Entsorgung des Atommülls ist derzeit nicht sichergestellt. Durch den Einsatz so genannter Zwischenlager wird die eigentliche Entsorgung des Atommülls hinausgezögert.

Atomkraft – pro

- **Energiebilanz:** In einem Atomkraftwerk können riesige Mengen Energie kontinuierlich gewonnen werden.
- **CO_2:** Bei der Gewinnung der Energie fällt kein CO_2 an, somit können die Ziele des Klimaschutzes besser erreicht werden.
- **Sicherheit:** Atomkraftwerke in Deutschland sind oft sicherer als jene, die im Ausland errichtet werden.

Pro und kontra Kernenergie

Kernkraft ist umstritten

Kernkraftwerke (oft wird auch von Atomkraftwerken gesprochen) sowie deren Nutzung sind ein viel diskutiertes Thema in der Öffentlichkeit. Es gibt zahlreiche Argumente sowohl für als auch gegen eine Nutzung und weiteren Ausbau von Kernkraftwerken.

Im Jahre 2011 beschloss die deutsche Bundesregierung als Reaktion auf die Katastrophe von Fukushima den Ausstieg aus der Atomenergie. Zur gleichen Zeit, zu der sich Deutschland aus der Atomtechnologie verabschiedete, stiegen die USA wieder ein. Erstmals seit mehr als 30 Jahren genehmigte die amerikanische Atomaufsicht wieder den Bau neuer Reaktoren. Pläne für weitere Kernkraftwerke liegen schon in der Schublade. Was spricht nun für und was gegen diese so umstrittene Energiegewinnung?

Kernkraft hat sowohl Chancen als auch Risiken. Im Falle eines Super-Gaus (Gau ist die Abkürzung für „größten anzunehmenden Unfall") können ganze Landstriche unbewohnbar werden. Die Befürworter von Atomenergie gewinnen dagegen in Zeiten steigender Energiepreise wieder an Zustimmung. Sie hoffen, dass die Bundesregierung den bereits eingeleiteten Atomausstieg wieder rückgängig macht und die Kernreaktoren nicht abschaltet.

In den Kernreaktoren wird Atomkraft aus radioaktiven Rohstoffen wie Uran in elektrische und thermische Energie umgewandelt. Kernenergie ist die innere Bindungsenergie der Atomkerne. Aufgrund des extremen Energiepotentials von radioaktiven Substanzen ist die Energieausbeute extrem groß. Die Ansprüche an das Thema Sicherheit sind jedoch ebenfalls sehr groß, weil die atomare Strahlung für Menschen und Tiere sehr gefährlich ist.

> Ein Kernreaktor ist eine technische Anlage im Atomkraftwerk, in der Atomkerne kontrolliert gespalten werden. Die frei werdende Wärmeenergie wird mit Turbinen und Generatoren in elektrische Energie umgewandelt.

1 Recherchiere im Internet die größten Atomkatastrophen und bereite eine Präsentation vor.

★ 2 Erkläre, worin viele Menschen die Probleme mit dem Atommüll sehen. Recherchiere im Internet.

★ 3 Erörtere den Ablauf der Ereignisse in Deutschland nach dem Beschluss zum Atomausstieg. Stelle wichtige Maßnahmen zur Energiewende chronologisch zusammen. Unterscheide dabei zwischen Maßnahmen der Politik, der Produzenten und der Konsumenten.

★ 4 Nenne und erläutere pro und kontra „Energie aus Biomasse". Orientiere dich an der oben abgebildeten Gegenüberstellung zur Kernenergie.

Freizeitbad Nass in Arnsberg

Versorgung mit Erdwärme – Gebäude der RWTH Aachen

*Je tiefer – je chancenreicher
(Quelle: Geologischer Dienst NRW)*

Geothermie: Erdwärme aus der Tiefe

In der Tiefe der Erde liegen nicht nur vielerlei Bodenschätze. Dort ist auch eine unvorstellbar große Menge Energie in Form von Wärme gespeichert. Aus der Erfahrung wissen wir, dass Leitungen in ein bis zwei Metern Tiefe frostfrei verlegt werden können, Bergleute in 1 000 m Tiefe bei 40 °C schwitzen und in Wellness-Einrichtungen 70 °C heiße Thermalsole aus 2 000 m Tiefe angeboten wird.

Im Freizeitbad Nass in Arnsberg sorgt Erdwärme für warmes Wasser und wohlige Wärme. Das geothermische Potenzial wird in einer Tiefe von 3 000 m erschlossen. Mit Erdwärme werden rund 75 % des Wärmebedarfs des Bads gedeckt.

An der Hochschule Aachen wird Wasser in einem Kreislauf in einer Tiefe von 2 500 m auf 70 °C erwärmt und direkt in das Heizungssystem eingespeist. Das spart Geld und belastet die Umwelt weniger.

Im Inneren des Erdkerns ist mehr Energie, als wir jemals verbrauchen können. Im Gegensatz zu anderen erneuerbaren Energien wie Wasser- und Windenergie steht die Erdwärme unabhängig von der Jahres- und Tageszeit fast überall und jederzeit zur Verfügung.

Das Problem ist die Gewinnung dieser Energie.

Der heutige Stand der Bohrtechnik gestattet Tiefen bis zu gut 10 Kilometern. Bei einer Entfernung des Erdmittelpunkts von der Erdoberfläche von 6 370 Kilometern sind dies jedoch nur Nadelstiche. Geowissenschaftler schätzen die Temperatur im Erdkern auf ca. 5 000 °C. Dieses Wärmepotenzial hat seine Ursachen einerseits in der Entstehung der Erde vor 4,5 Milliarden Jahren. Darüber hinaus wirken im Erdinneren immer noch Prozesse des Zerfalls radioaktiver Elemente, die zu einer Wärmeentwicklung führen. Mit der Tiefe nimmt die Temperatur in den Gesteinsschichten in Deutschland durchschnittlich um 3 °C pro 100 m zu.

> Unter Geothermie versteht man die Nutzung von Erdwärme im zugänglichen Teil der Erdkruste.

Die Erdwärme kann direkt genutzt werden, etwa zum Heizen und Kühlen, oder indirekt zur Erzeugung von elektrischer Energie. Im privaten Bereich wird aus Kostengründen die oberflächennahe Erdwärme bis in eine Tiefe von 150 m unter Verwendung von Wärmepumpen genutzt.

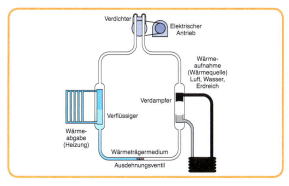

Wärmepumpe

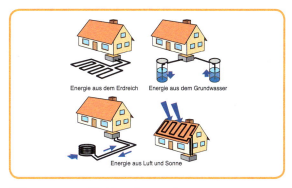

Wärmepumpen für Umgebungswärme

Energieumwandlung durch Wärmepumpen

Eine Wärmepumpenheizung besteht aus der Wärmequelle, der Wärmepumpe selbst und einem System zur Wärmeabgabe. Das Prinzip der Wärmepumpe beruht darauf, dass beim Verdampfen einer Flüssigkeit der Umgebung Wärme entzogen wird, die beim Verflüssigen wieder an das Heizsystem einer anderen Umgebung abgegeben wird. Der eigentliche Umweltwärmeenergiegewinn findet im Verdampfer der Wärmepumpe statt. Hier macht man sich die Eigenschaft des flüssigen Kältemittels zu Nutze, dass es schon bei Umgebungstemperaturen verdampft und dafür erhebliche Mengen an Wärmeenergie aus der umgebenden Luft, des Brunnenwassers oder Erdbodens aufnimmt. So mit Energie beladen wird es in die zu erwärmende Umgebung (beispielsweise ein Wohnraum) gepumpt und dort wieder verflüssigt. Dabei gibt das Kältemittel die aufgenommene Wärmeenergie an die Umgebung ab.

> Mit Wärmepumpen können Gebäude beheizt bzw. gekühlt werden.

Die größten Wohnsiedlungen, deren Versorgung über Systeme mit Wärmepumpen erfolgt, befinden sich in Nordrhein-Westfalen. So ist im Dortmunder Stadtteil Mengender Heide das Neubaugebiet Ritterdorf entstanden. Die 90 Gebäude der Siedlung werden mittels Wärmepumpen aus einer Tiefe von bis zu 150 m beheizt. Die Gebäude sind darüber hinaus mit Solarkollektoren für die Warmwasserversorgung und Regenwasseranlagen für das Brauchwasser ausgestattet.

Bei der Stromproduktion in Erdwärmekraftwerken steht Deutschland noch am Anfang. Das erste derartige Kraftwerk entstand 2003 in Neustadt-Glewe in Mecklenburg-Vorpommern. Das größte steht nördlich von Berlin im Land Brandenburg.

1 Stelle die Vor- und Nachteile der Erdwärme und anderer regenerativer Energien in einer Tabelle dar.

2 Recherchiere regionale aktuelle und in Vorbereitung befindliche Projekte zur Nutzung von Erdwärme in deinem Bundesland. Präsentiere die Projekte im Unterricht.

3 Unter der Adresse http://www.geothermie.nrw.de/Geothermie/ kann ein kostenloser Standortcheck zur generellen Eignung eines Standortes in NRW für eine Erdwärmeheizung vorgenommen werden. Führe den Check durch und berichte darüber. Unterscheide dabei zwischen der Nutzung von Erdwärmekollektoren und Sonden.

★ **4** Diana behauptet, verschiedene Kühlschränke arbeiten auch nach dem Prinzip der Wärmepumpe. Gordon meint, das sei Unfug: „Kühlschränke sollen kühlen." Welche Aussage ist richtig? Stelle die beiden Aussagen einander gegenüber und nimm persönlich Stellung.

Das Brennglas fängt die Sonnenstrahlen ein

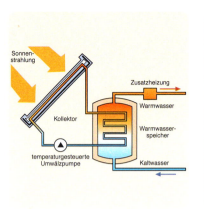
Kollektor mit Warmwasserspeicher

Modell eines Sonnenkollektors (Absorberprinzip)

Sonnenenergie: Solarthermie und Fotovoltaik

Die Sonne strahlt jährlich eine enorme Energie auf die Erde. Allein in Deutschland übersteigt diese Energiestrahlung den Energiebedarf im Jahr um etwa das Achtzigfache. Erste Anwendungen der aktiven Nutzung von Sonne und Licht gehen bis in die Antike (800 v. Chr. – 600 n. Chr.) zurück, als Brenn- bzw. Hohlspiegel für die Fokussierung von Lichtstrahlen verwendet wurden. Die Energieeinstrahlung der Sonne auf die Erdoberfläche beträgt in Deutschland ca. 1 000 kWh pro m². Könnte man diese uneingeschränkt sammeln, wäre unsere Energieversorgung ein Kinderspiel.

Passive Energienutzung

Wir nutzen die Sonnenenergie mehr oder weniger ständig. Fachleute sprechen hier von der passiven Energienutzung. Das Prinzip ist verhältnismäßig einfach: Hinter Glasfenstern und in Wintergärten erwärmt sich die Luft. Damit spart man fossile Energieträger, die ansonsten zur Heizung verwendet werden müssten. Durch zusätzliche bauliche Maßnahmen können die Wärmespeicherfähigkeit des Gebäudes und sein Schutz gegen Wärmeverluste weiter verbessert werden, so zum Beispiel durch Ausrichtung der Fenster des Gebäudes nach Süden, Wärmedämmung, Optimierung der Fenstergrößen, Wärmeschutzverglasung und Wärmeschutz des Fensters.

Aktive Energienutzung: Sonnenkollektor

Die einfachste aktive Nutzung der Sonnenenergie zur Wärmeerzeugung ist der Sonnenkollektor, wie wir ihn beispielsweise in einer Solaranlage zur Erwärmung von Brauchwasser finden. Eine solche Anlage besteht in der Regel aus folgenden Komponenten: Brauchwasserspeicher, Kollektor, Regler, Pumpen und einer Zusatzheizung für das Warmwasser in der Zeit, in der die Sonne nicht so intensiv strahlt.

Der Kollektor besteht aus einer schwarzen Platte (Absorber), die sich durch das eingestrahlte Sonnenlicht aufheizt. Diese Wärme erhitzt eine Flüssigkeit, die die Platte durchströmt und dann über einen Wärmetauscher das Wasser in einem Brauchwasserspeicher erwärmt. Diese Art der Nutzung von Sonnenenergie nennen wir Solarthermie.

Moderne Anlagen können rund 95 % des eingestrahlten Lichts in Wärme umwandeln. Im Wasserspeicher werden Temperaturen bis 80 °C erreicht.

> Die Umwandlung der Sonnenenergie in nutzbare Wärmeenergie (thermische Energie) wird als Solarthermie bezeichnet.

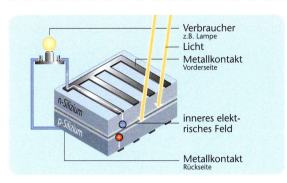

Arbeitsweise einer Solarzelle

Versuch: Direkte Nutzung der Energie des Lichts

Aktive Energienutzung: Solarzelle

Eine andere Möglichkeit der technischen Nutzung der Sonnenenergie ist die Solarzelle. Solarzellen wurden in den 50er-Jahren für die Raumfahrt entwickelt und seitdem immer weiter verbessert. Wir finden sie inzwischen fast überall, am Taschenrechner, Parkscheinautomat, auf Hausdächern.

Solarzellen bestehen aus Halbleiterwerkstoffen, die bei auftreffendem Sonnenlicht an den Grenzschichten zwischen den verschiedenen Halbleitern Ladungsträger trennen, sodass eine elektrische Spannung entsteht.

> Mithilfe von Solarzellen kann Sonnenlicht in elektrische Energie umgewandelt werden. Das wird als Fotovoltaik bezeichnet.

„Foto" steht dabei für das griechische Wort für Licht, während „voltaik" vom Namen des italienischen Physikers ALESSANDRO VOLTA abgeleitet ist. In jeder Solarzelle steckt eine Energiequelle, die allerdings nur eine sehr geringe Leistung abgeben kann. Für eine sinnvolle Energieerzeugung benötigen wir daher sehr viele solcher Solarzellen. Eine Solarzelle hat meistens eine Größe von zehn mal zehn Zentimetern. Mehrere Zellen werden zu einem Modul zusammengefasst. Theoretisch lassen sich mit Solarzellen beliebige Spannungen und Stromstärken erzielen. Man braucht nur die einzelnen Module – wie bei Batterien – entsprechend hintereinander (höhere Spannung) oder parallel (höhere Stromstärke) zu schalten.

Bei der Nutzung der Sonnenstrahlung für den Energiebedarf des Menschen sind vor allem drei Aspekte zu berücksichtigen:
- unterschiedliche Einstrahlungsintensität auf die Erdoberfläche,
- geringe flächenbezogene Energiedichte, sodass relativ große Empfangsflächen erforderlich sind,
- kein konstantes Energieangebot: Schwankungen zwischen Tag und Nacht, Sommer und Winter sowie Witterungsabhängigkeiten.

---

1 Die Olympische Fackel wurde und wird traditionell seit der Antike über Brennspiegel entzündet. Die Abbildung (S. 102) zeigt die direkte Nutzung der Sonnenenergie mit einem Reflektor. Vergleiche die physikalische Funktion des Reflektors und des Absorbers und erläutere deine Untersuchungen.

2 Die Funktion der Solarzelle beruht auf dem bereits 1839 von ALEXANDER BECQUEREL entdeckten Fotoeffekt. Erkläre den Effekt mit Hilfe einer Prinzipskizze.

★ **3** Der Versuchsaufbau oben zeigt die Nutzung der Sonnenenergie. Nenne die Ursachen, unter welchen Voraussetzungen das Solarmodul elektrische Energie abgeben kann. Begründe, ob eine Gleich- oder Wechselspannung entsteht.

★★ **4** Konstruiert und fertigt einen Sonnenkollektor.

7 Das kann ich!

Energieumwandlung

A Antriebe

Modell einer Dampfturbine

Den Gedanken, mit Dampf direkt eine Drehbewegung zu erzeugen, hatte bereits HERON VON ALEXANDRIEN vor fast 2000 Jahren. Praktisch brauchbare und entwicklungsfähige Dampfturbinen wurden erstmals im 19. Jahrhundert gebaut. Sie haben sich dann in wenigen Jahrzehnten zu Kraftmaschinen mit sehr großen Leistungen entwickelt.

B Bauteile und Baugruppen

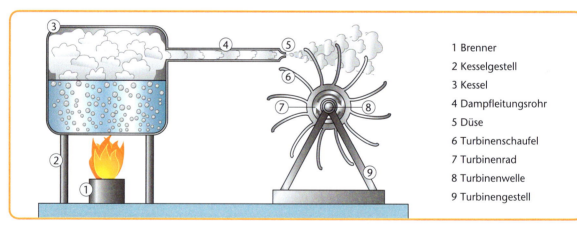

1 Brenner
2 Kesselgestell
3 Kessel
4 Dampfleitungsrohr
5 Düse
6 Turbinenschaufel
7 Turbinenrad
8 Turbinenwelle
9 Turbinengestell

Prinzip der Dampfturbine

Die zentralen Baugruppen der Dampfturbine und ihre Funktion:

- Dampfdüse ⑤:
  Sie wandelt die Druckenergie des Dampfes in Bewegungsenergie um und lenkt den entstehenden Dampfstrahl in die erforderliche Richtung.

- Laufrad ⑦:
  Es ist gleichmäßig mit Schaufeln versehen. An die Schaufeln gibt der Dampfstrahl Bewegungsenergie ab, die das Laufrad in eine Drehbewegung versetzt.

C Prinzipien im Umweltschutz

Das Verursacherprinzip besagt, dass grundsätzlich derjenige, der die Umweltbeeinträchtigungen verursacht (hat), für die Beseitigung oder Verringerung in die Pflicht genommen werden soll. Es soll also der „Umweltstörer" die Kosten für die Beseitigung von Umweltbelastungen tragen.

D Planung und Fertigung eines Funktionsmodells

Modelle können helfen, den Aufbau und die Funktion von technischen Gebilden besser zu verstehen. Dazu müssen wir ein Modell konstruieren und dann untersuchen.

Wichtige Begriffe

Energiemix
Energieträger:
    fossile, nukleare und regenerative
Erdwärme
Generator
Sonnenkollektor
Wärmekraftwerk
Wasserkraftwerk
Windkonverter

Wissen und erklären

1 Erklärt euch gegenseitig die wichtigen Begriffe.

2 Erläutert von mindestens zwei der oben genannten technischen Gebilde den Aufbau und die Funktionsprinzipien.

Informationen beschaffen und auswerten

3 Betrachte die Abbildungen zur Dampfturbine und beschreibe Aufbau und Funktion.

4 Lies die Erläuterung zum Verursacherprinzip (C) und erörtere die Aussage mit eigenen Worten.

Beurteilen, entscheiden und handeln

5 Interpretiere die Karikatur (C) mit der Fragestellung: In welcher Beziehung stehen Karikatur und Text zum Verursacherprinzip?

6 Nenne Gründe, warum wir im Technikunterricht Modelle nutzen (D). Nenne Gemeinsamkeiten und Unterschiede von Modell und Original.

7 Entwickle einen Anforderungskatalog für das Modell einer Dampfmaschine (A). Erkläre die Funktionen, die einzelne Baugruppen des Modells erfüllen müssen. Stelle das Modell her und untersuche seine Funktion.

M Januskopf Technik: Pro-und-Kontra-Debatte

Janus ist der altrömische Gott des Anfangs und des Endes.
Deshalb wird er zweigesichtig, nach vorn und nach hinten blickend, dargestellt.

> Jede Technik ist beides, eine Bürde und ein Segen; es gibt hier kein Entweder-oder, sondern nur ein Sowohl-als-auch.
>
> Neil Postman, Das Technopol.
> Frankfurt a. M. 1992, S. 12

So gehen wir vor

1
- Streitthema auswählen.

2
- Zwei Gruppen bilden: Progruppe und Kontragruppe.
- Diskussionsleitung bestimmen.

3
- Argumente sammeln: Progruppe für pro, Kontragruppe für kontra.
(Dabei auch mögliche Argumente der Gegengruppe berücksichtigen.)

4
- Gruppen sitzen sich gegenüber.
Ein Vertreter der Progruppe trägt sein erstes Argument vor.

5
- Ein Vertreter der Kontragruppe gibt das Argument mit eigenen Worten wieder. (Wurde es richtig verstanden?)

6
- Die Kontragruppe versucht, das Argument zu widerlegen.
Die Progruppe kann darauf reagieren.

7
- Sind die Argumente zum ersten Sachverhalt ausgetauscht, versucht die Kontragruppe mit ihrem Argument zu überzeugen.

8
- Die Pro- und Kontra-Diskussion wird nun in dieser Form weitergeführt.

9
- Zum Abschluss werden die besten Argumente herausgestellt und zusammengefasst.

Experimente zum sparsamen Umgang mit Energie im Haushalt

8

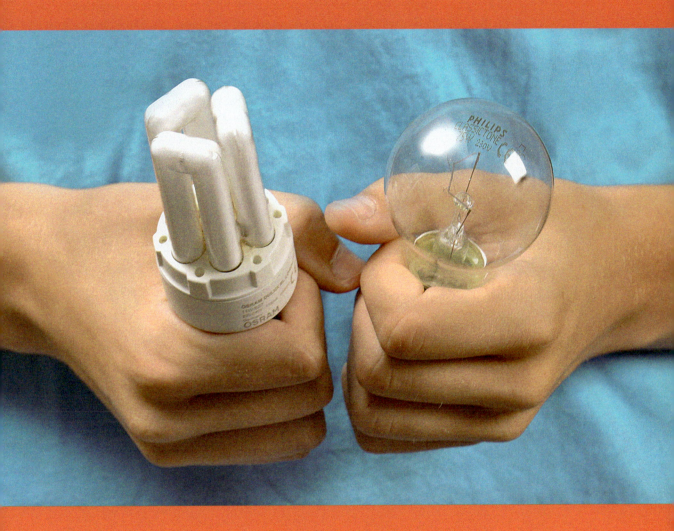

1 Experimente zur Installationstechnik – Lampenschaltungen im Haushalt

Situation

Damit Wohnungen oder Wohnhäuser unabhängig vom Tageslicht genutzt werden können, werden sie elektrisch beleuchtet. Eine funktionierende elektrische Beleuchtung erfordert Stromkreise. Für einen Stromkreis werden mindestens eine Spannungsquelle und diverse elektrische Leitungen, eine Leuchte als Betriebsmittel, ein elektrischer Schalter sowie eine Sicherung vor zu hohem Stromfluss benötigt.

Zu Beginn der Entwicklung der Elektrotechnik vor mehr als 150 Jahren wurden Stromkreise mit offenen Schaltern betätigt, die nur einen isolierten Schaltgriff hatten und somit keinen ausreichenden Schutz vor Berühren boten. Mit der Erfindung der Glühlampe durch Thomas Alva Edison und dem Aufkommen der elektrischen Installationen entstand der Bedarf nach einem sicheren Schalter.

Zunächst wurden Drehschalter entwickelt. Die Drehschalter wurden später von Kippschaltern abgelöst, da diese einfacher zu bedienen sind. Dann kamen Wippschalter auf, die noch einfacher zu bedienen sind. Moderne Schalter mit großflächiger Wippe werden als Flächenschalter bezeichnet.

Drehschalter

Kippschalter

Wippschalter

Flächenschalter

Neben der Unterscheidung der verschiedenen Schalter nach ihrem Schaltprinzip gibt es Schalter verschiedener Bauformen, die in Zimmern mit unterschiedlichen Funktionen eingesetzt werden.

Ausschalter

Serienschalter

Wechselschalter

Verschiedene Räume, verschiedene Bedürfnisse

Wohnzimmer mit Kronleuchter

Abstellraum mit einer Leuchte

Flur mit einer Leuchte und zwei Schaltstellen

		8
Das Problem	Vor dir liegen jeweils zwei Schalter der gleichen Bauart, auf denen die Beschriftung fehlt. Wie kannst du ihre Funktion prüfen und die Schalter dem richtigen Raum (Wohnzimmer, Flur oder Abstellraum, Seite 50) zuordnen?	

Was können wir vermuten?

?

Achtung: Beachtet, dass Ihr ausschließlich mit Schutzkleinspannung (24 V) experimentieren dürft!

Wir suchen nach Lösungen

Das benötigst du:
- Einen Durchgangsprüfer

So kannst du vorgehen:
1. Ermittle die Anschlussstellen (Kontakte) am Schalter.
2. Überbrücke die einzelnen Kontakte des Schalters nun Schritt für Schritt mit dem Durchgangsprüfer. Betätige dabei den Schalter.
3. Ermittle die Funktion des Schaltgliedes. Welche Kontakte verbindet es?
4. Skizziere den Schalter sinnbildlich als Schaltzeichen und beschrifte die Anschlussstellen am Schalter und im Schaltzeichen mit Großbuchstaben.
5. Ermittle nun, welcher Schalter für welches Zimmer geeignet ist.

Das können wir verallgemeinern

Welche Schaltung ist für welches Zimmer geeignet?

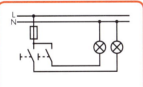

Serienschaltung
Mehrere Lampen lassen sich von einer Stelle aus unabhängig voneinander schalten.

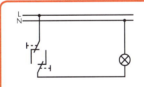

Wechselschaltung
Eine oder mehrere Lampen lassen sich von zwei voneinander entfernt liegenden Stellen schalten.

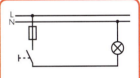

Ausschaltung
Eine oder mehrere Lampen lassen sich von einer Stelle aus schalten.

L= Stromführender Leiter   N= Neutralleiter

Für Experten

Im Nachbarhaus hat ein Elektromeister einen Bewegungsmelder installiert. Beschreibe die Funktion eines elektrischen Schalters mit Bewegungsmelder. Erläutere die Einsatzmöglichkeiten für Bewegungsmelder.
Vergleiche den Bewegungsmelder mit einem normalen Ausschalter. Ordne die sich in ihrer Funktion entsprechenden Teilsysteme der beiden Schalter einander zu.

8.2 Experimente zur Beleuchtungstechnik – Glühlampen und Energiesparlampen testen

Situation

Anfang Dezember 2008 hat eine EU-Kommission die Grundlagen für die schrittweise Abschaffung konventioneller Glühlampen geschaffen. Ziele sind eine deutliche Reduzierung des Stromverbrauchs für die Beleuchtung und ein Beitrag zum Klimaschutz. Herkömmliche Glühlampen verbrauchen unverhältnismäßig viel Energie, um die gleiche Leuchtkraft wie Energiesparlampen zu erreichen.

Durch den Ersatz einer Glühlampe mit einer Energiesparlampe vergleichbarer Lichtstärke soll der Stromverbrauch um bis zu 80 Prozent gesenkt werden können. Lampenhersteller versprechen, dass beispielsweise eine 11-Watt-Energiesparlampe die gleiche Lichtausbeute wie eine herkömmliche 60-Watt-Glühlampe bietet.

Glühlampen *Energiesparlampen* *LED-Lampen* *Halogenlampen*

Viele Verbraucher sind skeptisch und verunsichert. Was ist eigentlich eine Energiesparlampe? Neben der Glühlampe gibt es auch noch LED-Lampen, Halogenlampen, Leuchtstofflampen oder Kompakt-Leuchtstofflampen. Jede Lampe hat zudem einen Sockel mit unterschiedlichsten Bezeichnungen wie E14, T12 oder B15d. Auch die Leistung der Lampen variiert zwischen 15 und mehreren hundert Watt. Nicht jede Lampe darf man in jede Leuchte schrauben, sonst kann das Gehäuse schmelzen.

Eine unüberschaubare Vielfalt

Leuchtmittel mit verschiedenen Fassungen

Wie Kompakt-Leuchtstofflampen funktionieren

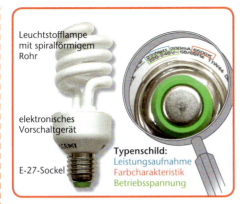
Kompakt-Leuchtstofflampe

Leuchtstoffröhren

Kompakt-Leuchtstofflampen haben einen Steck- oder Gewindesockel und funktionieren prinzipiell wie Leuchtstoffröhren, die auch z.B. in vielen Klassenräumen verwendet werden. Es sind Entladungslampen, bei denen Quecksilberatome durch elektrischen Strom Energie in Form von UV-Strahlung abgeben. Diese Strahlung wird von einem fluoreszierenden Leuchtstoff in sichtbares Licht umgewandelt.

Der Unterschied besteht darin, dass sie kompakter sind, d.h. die Entladungsrohre sind gebogen, gefaltet oder gewendelt und somit ist die Lampe insgesamt kleiner als herkömmliche Leuchtstoffröhren. Kompakt-Leuchtstofflampen müssen an Vorschaltgeräten betrieben werden. Bei Kompakt-Leuchtstofflampen mit integriertem Vorschaltgerät spricht man allgemein von Energiesparlampen.

Für Experten

Da eine Energiesparlampe im Grunde genauso funktioniert wie eine Leuchtstoffröhre, wird für den Betrieb ein so genannter Starter bzw. Zünder oder ein Vorschaltgerät benötigt. Energiesparlampen werden in der Regel mit 230 V Wechselspannung betrieben. Zum Zünden benötigt die Energiesparlampe eine Spannung von etwa 250 Volt bis 450 Volt (Starter). Wenn man eine Energiesparlampe einschaltet, kommt es im Starter zur sog. Glimmentladung.

▶ Beschreibe die Funktion des Starters.

Das Problem

Wir wollen traditionelle Glühlampen und Kompakt-Leuchtstofflampen miteinander vergleichen. Erfüllen die Kompakt-Leuchtstofflampen das, was Lampenhersteller und Werbung versprechen?

Was vermutest du?

Welche Größen könnten verändert und unter welchen Experimentierbedingungen ermittelt werden?

8 Wir suchen nach Lösungen

Glühlampen und Kompakt-Leuchtstofflampen testen.
So könntest du vorgehen:
- Wir vergleichen die „Helligkeit" und die elektrische Leistung.

Beachte: „Helligkeit" ist ein unscharfer Begriff. Hersteller geben auf den Verpackungen gern den Lichtstrom in Lumen (lm) an. Er beschreibt die von der Lampe in alle Richtungen abgestrahlte Leistung im sichtbaren Bereich. Die Größe lässt sich unter schulischen Bedingungen jedoch schlecht erfassen. Wir messen deshalb die Beleuchtungsstärke mit einem Belichtungsmesser in Lux (lx). Diese Größe gibt an, wie viel Licht – lichttechnisch genauer: wie viel Lichtstrom – auf eine bestimmte Fläche fällt. Die Beleuchtungsstärke besitzt somit eine praktische Relevanz, da man sie an bestimmten Orten, etwa am Schreibtischarbeitsplatz, messen kann.

Lichtstrom in Lumen (lm)   *Beleuchtungsstärke in Lux (lx)*

Mit einem Belichtungsmesser oder Luxmeter können wir messen, wie hell ein Objekt bestrahlt wird. Wir messen also die „Helligkeit", genauer die Beleuchtungsstärke, am Ort des Motivs.

> Ein *Luxmeter* ist ein Messgerät zur Bestimmung der Beleuchtungsstärke. Es gibt das Maß des einfallenden Lichtstroms Φ pro Flächeneinheit in lux an. Mit dem Luxmeter wird gemessen, wie hell es am Messpunkt ist, unabhängig von Ausdehnung und Richtung der Lichtquelle.

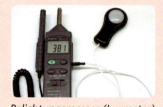

Belichtungsmesser (Luxmeter)

Da unterschiedliche Lampentypen das Licht unterschiedlich streuen, also das Licht in verschiedenen Richtungen und verschiedenen Weiten aussenden, benötigen wir eine Versuchseinrichtung, die die Ergebnisse vergleichbar macht.

Deshalb verwenden wir eine Experimentier-Lichtbox. Folgende Faktoren sollten bei der Planung berücksichtigt werden:

- der Abstand vom Leuchtmittel zum Messgerät,
- der Winkel der auftreffenden Lichtstrahlen,
- die Oberfläche der reflektierenden Seitenwände der Box.

Um die Berechnungen und Messungen zu vereinfachen, beträgt der Abstand zwischen Lichtquelle und Messpunkt 0,5 m. Der Messpunkt liegt direkt über der Lichtquelle.

- Beim Messen ist auf die Angaben zur Start- und Anlaufzeit der Lampe zu achten.

Wir suchen nach Lösungen

Blick in die „Experimentier-Lichtbox" bei geöffnetem Deckel

Messen der Beleuchtungsstärke mit einem Luxmeter auf der Experimentier-Lichtbox

Achtung: Einige Lampen weisen eine hohe Temperaturentwicklung auf. Beim Wechseln der Leuchtmittel besteht Verbrennungsgefahr! Deshalb sollten Lampen vor dem Auswechseln vorsichtshalber einige Minuten abkühlen.

Die Leistungsaufnahme des Leuchtmittels wird über ein Leistungsmessgerät ermittelt.

So gehst du vor:
- Ermittle die technischen Angaben des Herstellers.
- Miss die Beleuchtungsstärke und die elektrische Leistung.
- Bewerte die Ergebnisse. Beziehe dabei auch dein subjektives Helligkeitsempfinden mit ein.

Als Anregung für das Protokoll kann folgende Übersicht dienen:

Lampenart/ Bezeichnung	Herstellerangaben		Messungen	
	elektr. Leistung	Lichtstrom	elektr. Leistung	Beleuchtungsstärke
Glühlampe, matt	100 W	1350 lm	101,7 W	3640 lx

Das können wir verallgemeinern

Im Vergleich zu herkömmlichen Glühlampen sparen alle Energiesparlampen Energie ein.
Hintergrund: Glühlampen bringen den Draht zum Glühen. Damit wandeln sie nur fünf Prozent der eingesetzten Energie in Licht um. Der Rest verpufft als Wärme. Sparlampen leuchten dagegen durch Gasentladung. Die Lichtausbeute ist mit bis zu 25 Prozent deutlich besser.

Für Experten

Wie könnte ein Vergleichstest von LED-Lampen, Halogenlampen und Kompakt-Leuchtstofflampen angelegt werden?

3 Experimente zum Verhältnis von Aufwand und Nutzen – der Wirkungsgrad

Die Situation

In den verschiedensten Ratgebern werden immer wieder Tipps zum sparsamen Umgang mit Energie gegeben. Sparen soll nicht unbedingt zu völligem Verzicht oder einer Umstellung der Lebensweise führen.
Beim Energiesparen bildet die Wasserbereitung neben dem Heizen einen wichtigen Schwerpunkt.

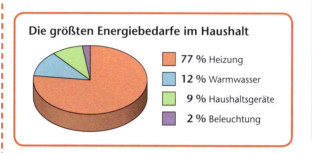

TIPP: Beim Erwärmen einer geringeren Menge von Wasser, beispielsweise um Tee zu bereiten, wird empfohlen, einen Wasserkocher zu benutzen. Herdplatten sind aus energetischer Sicht eher ungeeignet.

Das können wir verallgemeinern

Wir wollen den Tipp überprüfen. Hierzu ermitteln und vergleichen wir den Wirkungsgrad (Eta) von
- einer elektrischen Kochplatte,
- einem elektrischen Wasserkocher.

η

Was können wir vermuten?

Wir suchen nach Lösungen

Der Wirkungsgrad wird mit η (Eta) bezeichnet. Er ist eine dimensionslose Größe und hat einen Wert zwischen 0 und 1 oder, in Prozent ausgedrückt, zwischen 0 und 100 %. E_{ab} ist die von einem System abgegebene Energie im Vergleich zu der dem System zugeführten Energie E_{zu}. Der Wirkungsgrad ergibt sich aus dem Quotienten.

$$\eta = \frac{E_{ab}}{E_{zu}}$$

Wir gehen davon aus, dass die elektrische Energie sowohl bei der Heizplatte als auch beim Wasserkocher weitgehend vollständig in Wärme umgewandelt wird. Was dann an Wärme verloren, also nicht in die Erwärmung des Wassers geht, hängt weitgehend von den Eigenschaften von Topf oder Wasserkocher ab, beispielsweise welche Materialien und welche Oberflächen genutzt werden oder ob und wie ein Deckel angebracht ist. Außerdem ist von Bedeutung, ob die Wärme direkt an das Wasser abgegeben wird, oder ob erst Herdplatte und Topf erwärmt werden müssen.

So gehen wir vor

1. **Versuchsvorbereitung**
   - Wir legen das Versuchszubehör zurecht: Elektrische Heizplatte, elektrischer Wasserkocher, Thermometer, Rührer, Stoppuhr, Messbecher, Kochtopf, Leistungsmessgerät oder Energiekostenmessgerät.

2. **Versuchsdurchführung**
   - Wir füllen die vorhandenen Gefäße jeweils mit einem Liter kaltem Leitungswasser.
   - Wir erwärmen das Wasser mit Hilfe der beiden elektrischen Geräte bis zum Sieden und messen dabei jeweils die benötigte Zeit und die Leistungsaufnahme.

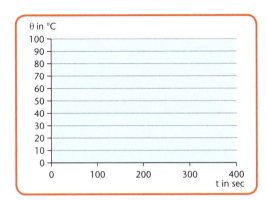

   - Um ein Temperatur-Zeit-Diagramm zu erstellen, wiederholen wir den Versuch und erwärmen das Wasser wieder mit Hilfe der vorhandenen elektrischen Geräte. Dabei messen wir alle 30 Sekunden die Temperatur des Wassers bis zum Sieden.
   - Wir tragen die Messwerte in das Temperatur-Zeit-Diagramm ein.

3. **Versuchsauswertung für Heizplatte**
   - Die Energiezufuhr E_{zu} ergibt sich dann aus der elektrischen Leistung der Heizplatte • Zeit (z.B. 1000 W • 5 min = 1 kW • 300 sec = 300 kJ). Die in das Wasser eingetragene Wärmeenergie E_{ab} ergibt sich zu Masse • spez. Wärmekapazität • (T2 - T1) (z.B. bei Erwärmung von einem Liter von 20 °C auf 60 °C: 1 kg • 4,2 kJ/kgK • 40 K = 168 kJ).
   - Das Verhältnis E_{ab}/E_{zu} ist der Wirkungsgrad und kennzeichnet die Effizienz der Heizplatte.

Genauso muss der Versuch für den Wasserkocher ausgewertet werden. Man kann dann die Wirkungsgrade von Heizplatte und Wasserkocher miteinander vergleichen.

Was können wir beobachten?

Jede Energiewandlung ist aus technischer Sicht mit Verlusten verbunden. Je weniger Energie bei der Energiewandlung verloren geht, umso wirksamer ist die Energiewandlung und umso größer ist der Wirkungsgrad.

Für Experten

Wir ermitteln ein weiteres Temperatur-Zeit-Diagramm. Dazu erwärmen wir das Wasser im Kochtopf, legen aber keinen Deckel auf.
- Was vermutest du bezüglich der Zeit, die bis zum Sieden des Wassers benötigt wird? Begründe deine Vermutung.
- Erläutere, ob der Wirkungsgrad des Kochtopfs ohne Deckel größer oder kleiner ist als der Wirkungsgrad eines Kochtopfs mit Deckel.

M Wir lösen Probleme durch naturwissenschaftlich-technische Experimente

> Ein **Experiment** ist eine Form des Problemlösens. Das Experiment (von lateinisch *experimentum* Versuch, Beweis, Prüfung, Probe) ist eine Untersuchung mit dem Ziel, Informationen (*Daten*) zu gewinnen.
> Bei naturwissenschaftlichen Experimenten geht es um das Entdecken naturgesetzlicher Zusammenhänge. Bei technischen Experimenten geht es darum, technische Mittel zu erfinden, um einen gewünschten Zweck zu erreichen.

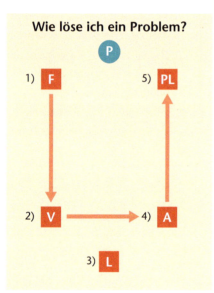

P Problem

F Frage

V Vermutung
- Was ist gesucht/gefordert?
- Was ist gegeben, wissen wir bereits?
- Gibt es Widersprüche?

L Lösung/Durchführung
Wir suchen nach Mitteln und Wegen der Problemlösung und beachten die vorliegenden Bedingungen.

A Antwort
Beantwortet die Antwort die Frage?

PL Problemlösung

So gehen wir beim Experimentieren vor

1
- Erkennen des Problems
- Ableiten einer experimentell überprüfbaren Frage- bzw. Aufgabenstellung

2
- Formulieren einer begründeten Vermutung (Hypothese)

3
- Entwickeln und Aufbauen einer Versuchseinrichtung
- Einwirken auf das Untersuchungsobjekt

4
- Aufnahme der Ergebnisse, Deutung und Bewertung der Ergebnisse
- Ableiten von Schlussfolgerungen

Experimente zum sparsamen Umgang mit Energie im Haushalt

Technische Innovationen 9

Handarbeit in der Landwirtschaft

Tiere als Zugmittel in der Forstwirtschaft

Fischer bei der traditionellen Arbeit

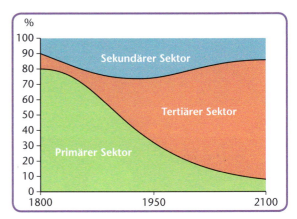
Entwicklung der Wirtschaftssektoren

Von der Arbeits- zur Informationsgesellschaft

Die Art und Weise, wie Menschen ihren Lebensunterhalt sichern und ihre Lebenszeit verbringen, hat sich im Laufe der Zeit ständig verändert.
Über viele Jahrhunderte war der Großteil der Menschen mit Arbeiten in der Land- und Forstwirtschaft sowie in der Fischerei beschäftigt. Wirtschaftswissenschaftler bezeichnen diesen Bereich als Urproduktion oder primären Sektor. Die Gesellschaft ist hier noch nicht sehr weit in ihrer Entwicklung fortgeschritten. Es wird vor allem mit der Hand und einfachen Werkzeugen gearbeitet. Die Muskelkraft des Menschen wird nach Möglichkeit durch das Einbeziehen der Muskelkraft von Tieren in den Arbeitsprozess entlastet.
Die Haushalte versorgten sich zunächst selbst und versuchten den eigenen Bedarf zu decken.

Mit zunehmender Spezialisierung konnten nach und nach bestimmte Arbeiten an andere Menschen vergeben und eingetauscht werden. So entwickelten sich im Mittelalter erste Gewerbe und Berufe.
Beispielsweise war es bis zum 12. Jahrhundert üblich, Brot selbst zu backen. Jede Familie nutzte ihren Ofen, um nach eigenen Erfahrungen zu backen. Je mehr sich allerdings Städte bildeten und diese aufblühten, entwickelte sich auch das Bäckerhandwerk. Ähnlich war es mit dem Gewerbe der Brauer und Fleischer. Auch hier musste nicht mehr jede Familie selbst schlachten und brauen, sondern konnte entsprechende Waren bei Handwerkern erwerben. Ende des 14. Jahrhunderts soll es in Frankfurt a. M. bereits 100 Bäcker und 80 Fleischer gegeben haben.

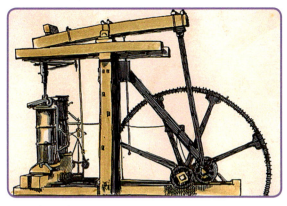
Dampfmaschine (1769)

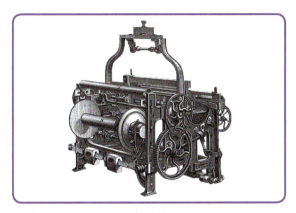
Mechanischer Webstuhl (1789)

Patentierte Spinnmaschine von Richard Arkwright (1764)

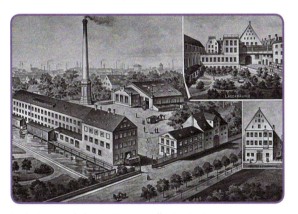
Industrieproduktion: Baumwollspinnerei (19. Jahrhundert)

Übergang von der Agrar- zur Industriegesellschaft

Tuch- und Leinweber sorgten vor allem in den Städten für Kleidung. Zugleich bauten oder reparierten Zimmerer die vorherrschenden Holzhäuser. Aber auch Schmiede waren für Metallarbeiten, besonders für Waffen und Rüstungen, gefragt. Sie spezialisierten sich als Messerschmiede, Klempner, Hufschmiede und Nagler.

Neben der Spezialisierung der Arbeit war es die technische Entwicklung, die dazu führte, dass immer besser produziert werden konnte. Um 1770 gelang es dem schottischen Maschinenbauer, Ingenieur und Erfinder James Watt, mit seinen Verbesserungen der Dampfmaschine der industriellen Revolution einen besonderen Impuls zu geben. Die Erfindung der Dampfmaschine (1769) war neben der Erfindung des mechanischen Webstuhls und der Spinnmaschine die erste grundlegende Erneuerung, die den Übergang von der Agrar- zur Industriegesellschaft kennzeichnete. Hierdurch wurde es möglich, die Produktion von Textilien aus der Heimarbeit und der Arbeit in Manufakturen in die wesentlich produktiveren Fabriken zu verlagern.

Schneller, genauer und zuverlässiger – das waren die Merkmale, die den Übergang zur industriellen Serien- und Massenproduktion zunächst in der Baumwollspinnerei charakterisierten. Die Mechanisierung ergänzte und erleichterte die Handarbeit. Das alles waren Voraussetzungen dafür, dass der Anteil der Beschäftigten in Europa im sekundären Sektor anwuchs.

> Im primären Wirtschaftssektor geht es vor allem um die Rohstoffgewinnung, im sekundären Sektor steht die Rohstoffverarbeitung im Mittelpunkt.

Agrargesellschaft	Industriegesellschaft	Dienstleistungsgesellschaft
bis 1800/1850 Herausragende Stellung des primären Sektors: • Land- und forstwirtschaftliche Produktion • Fischereiwirtschaft	ab 1900 bis 1950/70 Herausragende Stellung des sekundären Sektors: • Verarbeitendes Gewerbe • Industrie • Handwerk • Energiewirtschaft • Baugewerbe	ab 1970 bis 1995/2000 Herausragende Stellung des tertiären Sektors: • Handel, Verkehr, Logistik • Tourismus, Hotel- und Gaststättengewerbe • Kreditinstitute und Versicherungen
Rohstoffgewinnung	Stahlkocher	Beratung in einer Bank

Informations- oder Wissensgesellschaft

Wissensgesellschaft
ab 2000
Herausragende Stellung des „quartären" Sektors:
• Information und Wissen

Übergang von der Industrie- zur Dienstleistungsgesellschaft

Aus dem zunehmenden Einsatz von Maschinen resultierte eine steigende Nachfrage nach Maschinen, die vom sekundären Sektor produziert werden. Diese Industrialisierung wiederum beförderte eine fortschreitende Mechanisierung und Automatisierung. Die Fließbandproduktion prägte in vielen Fabriken das Bild. Dies führte zu einem weiter sinkenden Bedarf an Arbeitskräften nicht nur im primären, sondern nun auch im sekundären Sektor. Bereits in der Phase der Industrialisierung steigt auch der Bedarf an Arbeitskräften im tertiären Sektor. Seit 1950 wächst der tertiäre Sektor, in dem Beschäftigte aus Handel, Banken, Versicherungen und sonstigen Dienstleistungen (Hotels/Gaststätten, Rechtsberatung etc.) zusammengefasst werden. Man spricht von Dienstleistungsgesellschaft bzw. von Tertiärisierung der Gesellschaft. Der Anteil der im tertiären Sektor Beschäftigten ist von 32 % (1950) über 43 % (1970) auf 73 % im Jahr 2007 gestiegen.

Von der Dienstleistungs- zur Wissensgesellschaft

In der Dienstleistungsgesellschaft ging es um steigendes Wirtschaftswachstum durch Konsum und die Erbringung von Dienstleistungen. In der Informationsgesellschaft kommt es auf die Erschließung und Nutzung der verschiedenen Erscheinungsweisen von Information an, also von Daten, Texten, Nachrichten, Bildern, Musik, Wissen.

> Der wirtschaftliche Schwerpunkt hat sich in den letzten 300 Jahren zunächst von der Rohstoffgewinnung auf die Rohstoffverarbeitung und anschließend auf Dienstleistung/Information verlagert.

Eine Antriebsmaschine treibt über Transmissionen viele Arbeitsmaschinen an

Wandel und technischer Fortschritt

Die Ursachen für den strukturellen Wandel sind mannigfaltig. Wesentliche Triebkräfte sind der technische Fortschritt, die Bestrebungen der Unternehmen nach Erneuerung und Modernisierung der Produktion und das Bevölkerungs- bzw. Beschäftigungswachstum. Vor allem sind es aber die Menschen selbst, deren Bedürfnisse offensichtlich immer weiter wachsen und sich auch verändern. Ohne Nahrung, Kleidung und Unterkunft können Menschen nicht leben, aber sie wollen darüber hinaus stets mehr. Neue Ideen und Technologien, die oft auch alte verdrängen, sind Motor für ein besseres Leben, Wohlstand und Wachstum.

> Der technische Fortschritt beruht auf der Weiterentwicklung der Technik. Neueinführung oder Verbesserung von Maschinen oder Verfahren haben Auswirkungen nicht nur auf die Produktion, sondern auch auf vielfältige Lebensbereiche.

1 Suche aus den „Gelben Seiten" (Branchenbuch) mindestens sechs Betriebe und Unternehmen heraus und ordne diese den Wirtschaftssektoren zu.

2 Ein altes Sprichwort lautet „Handwerk hat goldenen Boden". Interpretiert die Aussage und diskutiert, inwieweit sie heute noch gilt. Nenne Gründe, die für eine Berufsausbildung im Handwerk sprechen.

★ 3 Handwerker haben sich früher in Zünften organisiert. Nenne Aufgaben von Zünften und erläutere diese.

★ 4 Erläutere die Begriffe Selbstversorger- und Vergabehaushalt. Nenne Gründe, warum der Vergabehaushalt ermöglicht wurde.

★ 5 Vergleiche die Erbringung einer Dienstleistung mit der Produktion eines Produkts. Nenne mindestens zwei Gemeinsamkeiten und Unterschiede.

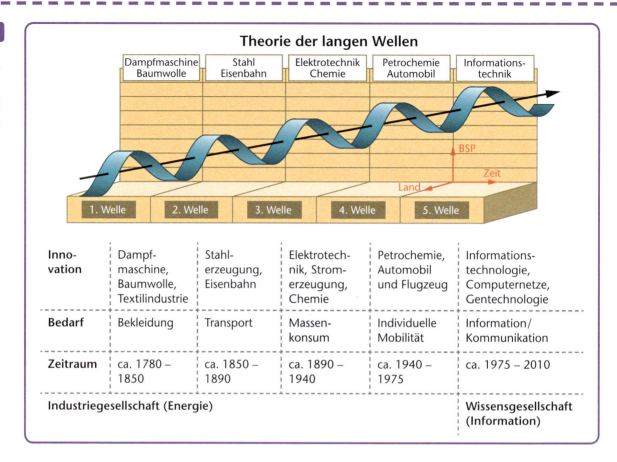

Technologische Entwicklung und Innovation

Technik und Technologien haben das Leben und Arbeiten der Menschen schon immer verändert. Es waren so genannte Basisinnovationen, die Wachstumsschübe brachten, den Strukturwandel beschleunigten und so die Lebensumstände umwälzten. Die Veränderungen vollziehen sich zunehmend schneller. So dauerte es etwa eine Million Jahre, bis Menschen einfache Werkzeuge herstellen konnten. Das erste Werkzeug war der Faustkeil.

Lediglich 50.000 bis 60.000 Jahre benötigten die Menschen, um Faustkeile durch einfache Fernwaffen wie Speere, Pfeil und Bogen zu ersetzen. Kaum ein Jahrtausend verging, bis unsere Vorfahren nicht nur Wind und Wasser nutzten, sondern mit der Dampfmaschine die Voraussetzungen für die Industrialisierung schufen.

Die Dampfmaschinen, später die Verbrennungs- und dann die Elektromotoren waren Voraussetzungen für die Mechanisierung der Produktion. Die Mechanisierung erleichterte die körperliche Arbeit der Menschen deutlich. Fabriken beschleunigten die Entwicklung in der Textilindustrie. Kleidung konnte so einfacher und billiger produziert werden.

Die Stahlindustrie war Voraussetzung für das Transportwesen und die Eisenbahn. Güter und Personen wurden nun schneller, zuverlässiger und kostengünstiger transportiert. Große Produktionsstätten wurden möglich. Die Folgen waren Massenproduktion, Konzentration, aber auch Konkurrenz. Marktwirtschaft setzte sich durch.

Mit der Anwendung chemischer Reaktionen und mit der Elektrifizierung war ein weiterer Wachstumsschub verbunden. Seit dem Ende des 19. Jahrhunderts hat die chemische Industrie mit künstlichen Farben, Düngemitteln und Kunststoffen die natürliche Umwelt verändert. Die Nahrungsmittelproduktion konnte soweit gesteigert werden, dass der Hunger gemindert wurde.

1923	Eröffnung des ersten deutschen Rundfunksenders in Berlin.
1925	Weltweit wird die elektrische Stromversorgung mittels Hochspannungstechnik aufgebaut.
1948	Der erste Computer mit Lochkartensteuerung kommt zum Einsatz.
1971	Der Mikroprozessor wird erfunden. Der erste Taschenrechner beherrscht die vier Grundrechenarten. Er wiegt ein Kilogramm.
1981	Der erste Personalcomputer kommt auf den Markt.
1990	Das World Wide Web www wird eingeführt.

Bedeutsame Erfindungen des 20. Jahrhunderts

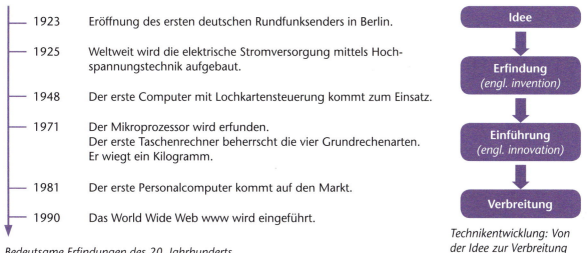

Technikentwicklung: Von der Idee zur Verbreitung

Das elektrische Licht veränderte den Lebens- und Arbeitsrhythmus. Die Umwandlung von Erdöl in Benzin führte zu einem ersten Boom der Automobilindustrie. Der Computer verändert seit den siebziger Jahren des 20. Jahrhunderts die Arbeitswelt und unser Alltagsleben zunehmend.

> Basisinnovationen und grundlegend neue Technologien ermöglichen eine völlig neue Funktionsteilung zwischen Mensch und Maschine.

Technikentwicklung als Prozess

Der kurze Exkurs in die Geschichte hat gezeigt, dass Technik Menschenwerk ist. Sie dient dazu, bestimmte Bedürfnisse überhaupt oder besser zu befriedigen.

Der Prozess der Technikentwicklung ist immer ähnlich: Am Beginn steht eine Idee, die in der Regel aus wissenschaftlichen Erkenntnissen der Forschung gewonnen wird. Diese Ideen oder auch Ideenbündel können zu Erfindungen verarbeitet werden. Eine Erfindung kann ein neues oder verbessertes Produkt oder Produktionsverfahren sein. Sie ist stets eine schöpferische Leistung, die zu einer wirklich neuen Problemlösung führt. Von einer Innovation spricht man, wenn die Erfindung genutzt wird. Der Begriff Innovation kommt ursprünglich aus dem Lateinischen und bedeutet wörtlich übersetzt „Neuerung". Innovationen schließen die Schaffung neuer Produkte oder die Entwicklung neuer Herstellungsverfahren ein. Der letzte Schritt besteht in der allgemeinen Verbreitung der Neuerung – oft wird auch von Diffusion gesprochen. Im Zentrum steht hier auch die Erschließung neuer Märkte.

> Eine Innovation ist eine wichtige Phase im Prozess der Technikentwicklung. Innovationen beinhalten das Erzeugen und Umsetzen von Neuerungen.

---

1 Zeichne einen Zeitstrahl und trage wichtige Erfindungen für den Bereich Information und Kommunikation von den Anfängen bis heute ein.

2 Nenne Vor- und Nachteile einer beruflichen Ausbildung in der IT-Branche. Stelle ein mögliches Berufsbild aus dieser Branche vor.

★ 3 Die Begriffe Erfindung und Entdeckung werden gerne verwechselt, obwohl sie ganz unterschiedliche Dinge bezeichnen. Charakterisiere beide Begriffe. Erläutere vor allem die Unterschiede.

9 Das kann ich!

Arbeit und Technik im Wandel

A Handwerk

Ich brauch Hadern zu meiner Mül
Dran treibt mirs Rad
deß wassers viel/
Daß mir die zschnitn Hadern nelt/
Das zeug wirt in wasser einquelt
/Drauß mach ich Pogn/
auff die filtz bring/
Durch preß das wasser
darauß zwing.
Denn henck ichs auff/
laß drucken wern/
Schneweiß und glatt/
so hat mans gern.

Der Papiermacher mit seinem Gehilfen: Im Sieb tropft das Wasser ab und übrig bleibt der Zellstoff.

Originaltext zu dem Bild links

B Wirtschaftssektoren

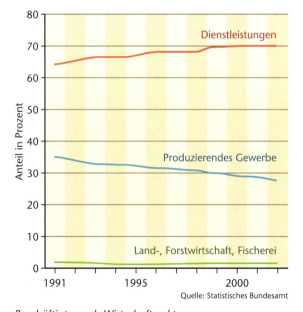

Beschäftigte nach Wirtschaftssektoren

Gliederung der Wirtschaft in Sektoren

C Innovationen oder verwirrende Begriffe?

D Technologie: Jobkiller oder Jobknüller?

„Das Paradies ist ein Ort, an dem die Technologie so weit fortgeschritten ist, dass es möglich ist, alle materiellen Waren praktisch ohne jegliche Kosten herzustellen. Der Haken an der Sache ist, dass in einer solchen Situation niemand bezahlt werden könnte, mit dem Ergebnis, dass unser Produktionsparadies eher wie eine gesellschaftliche Hölle – kein Geldeinkommen und hundert Prozent Arbeitslosigkeit – aussähe."
(Orio Giarini & Patrick M. Liedtke.
Wie wir arbeiten werden.
Der neue Bericht an den Club of Rome)

E Innovation besonderer Art

Der Teamhammer – weil zu zweit alles viel leichter geht.

Wichtige Begriffe

Dienstleistung
Technischer Fortschritt
Handwerk
Innovation

Industriegesellschaft
Wirtschaftssektoren

Wissen und erklären

1. Erklärt euch gegenseitig die wichtigen Begriffe.

2. Oft kann man von der Wissensgesellschaft oder auch Informationsgesellschaft lesen. Erkläre die Begriffe. Erkläre, warum es berechtigt sein könnte, dass Wissen und Information als Produktionsbereich den „quartären Sektor" bilden.

3. Interpretiere die Grafik „Beschäftigte nach Wirtschaftssektoren". Erkläre den Begriff Wirtschaftssektor. Warum lässt die Anzahl der Beschäftigten in den einzelnen Sektoren Rückschlüsse auf den Strukturwandel eines Landes zu (B)?

Informationen beschaffen und auswerten

4. Auf der ersten Seite dieses Kapitels (Seite 117) ist ein Aquädukt abgebildet. Es ist offensichtlich mehr als eine Brücke. Worin besteht das Innovative?

5. Der Papiermacher ist ein traditioneller Handwerksberuf. Erläutere, wie Papier hergestellt wird. Interpretiere dazu den historischen Text (A).

Beurteilen, entscheiden und handeln

6. Die Abbildung unter C stellt eine innovative Lösung vor: Cloud Computing. Recherchiere und erkläre, was darunter verstanden wird. Weshalb wird der englische Begriff „Cloud" (deutsch „Wolke") benutzt? Erläutere Vorteile und Gefahren der Technologie.

7. Interpretiere die Darstellung des Paradieses und der Entwicklung der Technologie (D). Was meinst du dazu?

8. Deute die Karikatur „Teamhammer" (E).

M Wir beurteilen Technik und schätzen ihre Folgen ab

„Technikfolgenabschätzung ist die Klugheit, nicht aus Schaden klug werden zu müssen."[1]

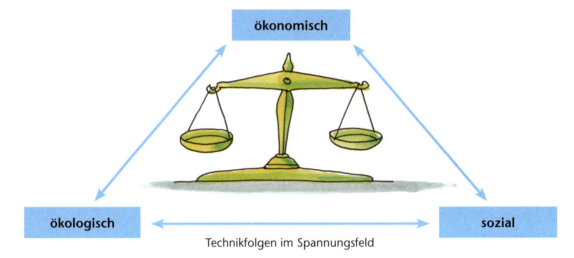

Technikfolgen im Spannungsfeld

So gehen wir vor:

1 Wir analysieren den Stand einer Technik und ihre Entwicklungsmöglichkeiten. Die sachliche Beurteilung ist Grundlage der Technikfolgenabschätzung.
Mögliche Fragen:
- Auf welchen Funktionsprinzipien beruht die Technik?
- Welche Werkstoffe und Materialien werden verwendet?

2 Wir schätzen die technischen, wirtschaftlichen, gesundheitlichen, ökologischen, humanen und sozialen Folgen dieser Technik und möglicher Alternativen ab.
Mögliche Fragen:
- Auf welchen Infrastrukturen beruht die Technik? Inwieweit sind diese vorhanden?
- Welche Entwicklungs-, Produktions-, Gebrauchs- und Entsorgungskosten treten auf?
- Welche Vor- und Nachteile treten für den Einzelnen und die Gesellschaft auf?
- Inwieweit wird die Umwelt durch die Produktion, den Gebrauch und die Entsorgung belastet?

3 Wir beurteilen die Technikfolgen auf Grund klarer Ziele und Werte.
Dabei bedenken wir, dass Werte und Ziele von Interessensgruppen sich unterscheiden.
Werte im technischen Handeln sind beispielsweise:
Sicherheit, Gesundheit, Umweltqualität, Wirtschaftlichkeit, Wohlstand.

---

[1] Website des BATS, Zentrum für Biosicherheit und Nachhaltigkeit, Schweiz

Informationstechnik: Elektronische Schaltungen

10

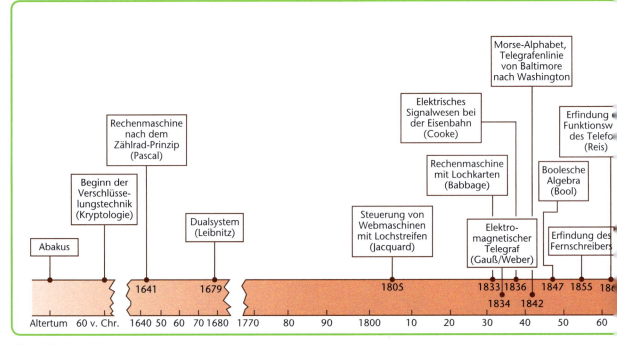

Historische Entwicklung der Informationstechnik

Entwicklung der Informationstechnik

Vom Rauchzeichen zum Handy

Um Informationen zu übermitteln, haben die Indianerstämme Nordamerikas ebenso wie andere Kulturen eine Signalsprache entwickelt. Sie entzündeten stark qualmende Feuer, mit denen sie Rauchzeichen produzierten. Diese Zeichen sandten sie an entfernt lebende Mitglieder ihres Stammes. Mit dem ersten bekannten Leuchtturm der Welt, dem Pharos in Alexandria (ca. 300 v. Chr.), wurde es möglich, Seefahrern über weite Entfernungen mithilfe von Feuer eine Orientierung zu geben.

Feuerzeichen gibt es in Schiffs- und Flugverkehr bis heute, da sie sich als sichere und wichtige Methode bewährt haben. Die dabei oft verwendeten Morsecodes in Form verschieden langer Lichtzeichen folgen zumeist internationalem Standard, damit sie allgemein verständlich sind.

Erst die elektrische Informationsübertragung ermöglichte es, sicher, schnell und über große Entfernungen Informationen zu transportieren. Mit hohem finanziellen Aufwand wurden Telegrafenstationen eingerichtet und mit Kabeln über weite Entfernungen verbunden, sodass nicht nur abstrakte Zeichen, sondern auch Text übertragen werden konnte.

Mit dem Telefon war es schließlich möglich, Laute zu übertragen. Außerdem konnten sich jetzt zwei Personen zu gleicher Zeit direkt austauschen. Ein eigenes Telefon war allerdings lange für die meisten Privathaushalte zu kostspielig. Wer telefonieren wollte, nutzte ein Telefonhäuschen mit Münzfernsprecher.

Erst in den 1970er-Jahren setzte sich das Telefon in Privathaushalten durch. Heute ist der Telefonanschluss die Basis für vielfältige Telekommunikationsdienste, vor allem das Internet.

> Informationen sind Mitteilungen, Nachrichten, Daten und Messgrößen über Sachverhalte, Ereignisse oder Abläufe.

> Kommunikation ist der Prozess der Übertragung von Informationen.

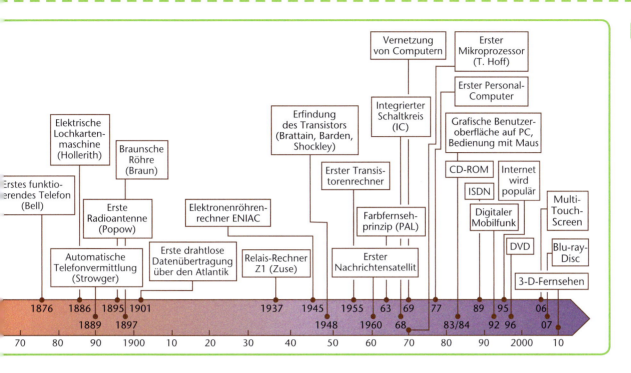

Mit Beginn des 21. Jahrhunderts wurden mobile Telefone alltägliche Begleiter. Mit ihnen ist man fast jederzeit und überall erreichbar. Immer mehr Menschen besitzen inzwischen ein Handy, das sie nicht nur zum Telefonieren nutzen.

Massenmedien informieren

Längst hat nahezu jeder Haushalt Rundfunk- und Fernsehgeräte, und niemand möchte auf die tägliche Nutzung verzichten. Dabei handelt es sich um Massenmedien, denn die Übertragung der Informationen erfolgt nicht an eine bestimmte Person, sondern jeder, der es möchte, kann mit der entsprechenden technischen Ausstattung die Sendungen empfangen.

Während die Tageszeitungen mit zeitlicher Verzögerung am folgenden Tag über Neuigkeiten berichten, übertragen Rundfunk und Fernsehen, Tablet PC und Smartphone in Echtzeit.

Das Radio wurde in Deutschland in den 1940er-Jahren durch die Massenherstellung der Volksempfänger populär und massenhaft verbreitet. Im Dritten Reich wurde das Massenmedium Radio systematisch für Propagandazwecke und zur Manipulation der Menschen eingesetzt.

> Mit Massenmedien werden Informationen durch technische Vervielfältigung und Verbreitung öffentlich an ein anonymes, räumlich verstreutes Publikum weitergegeben.

1 Stelle in einer Tabelle gegenüber, welche Möglichkeiten der Kommunikation und Information ein Handy vor zehn Jahren und ein Smartphone heute bieten.

2 Gestaltet den Zeitstrahl auf einer Tapetenrolle im Klassenzimmer. Recherchiert in Partnerarbeit zu den einzelnen Erfindungen und ergänzt den Zeitstrahl mit euren Texten, Fotos und weiteren Illustrationen.

★3 Diskutiert die These „Massenmedien dienen der Information und Manipulation der Menschen".

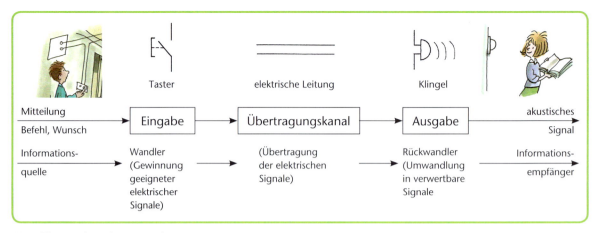

Signalfluss in der Informationskette

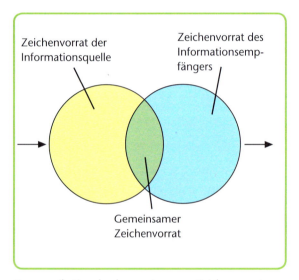

Kommunikation durch gemeinsamen Zeichenvorrat

a	.−	o	−−−	0	−−−−−	5	.....
ä	.−.−	ö	−−−.	1	.−−−−	6	−....
b	−...	p	.−−.	2	..−−−	7	−−...
c	−.−.	q	−−.−	3	...−−	8	−−−..
d	−..	r	.−.	4	....−	9	−−−−.
e	.	s	...				
f	..−.	t	−	Internationaler			
g	−−.	u	..−	Notruf: SOS	...−−−...		
h	....	ü	..−−	Bruchstrich	−..−.		
i	..	v	...−	Punkt	.−.−.−		
j	.−−−	w	.−−	Doppelpunkt	−−−...		
k	−.−	x	−..−	Bindestrich	−....−		
l	.−..	y	−.−−	Komma	−−..−−		
m	−−	z	−−..	Anfangszeichen	−.−.−		
n	−.	ch	−−−−	Klammer	−.−−.−		
				Fragezeichen	..−−..		
				Irrung	....		
				Schlusszeichen	.−.−.		

Morsealphabet

Prinzip der Informationsübertragung

Informationen und Signale

Ein anschauliches Beispiel, um das Prinzip der Informationsübertragung zu erklären, ist die Klingel an der Wohnungstür:

Der Sender **E** (Eingabe) möchte die Information **I** „Ich bin da, bitte die Tür öffnen!" an den Empfänger **A** (Ausgabe) übermitteln. Hierzu nutzt er ein technisches Gebilde in Form einer Klingelanlage. Diese hilft ihm, die Information so umzuformen, dass sie mithilfe elektrischer Energie transportiert werden kann. Wird der Klingeltaster gedrückt, wird der Stromkreis geschlossen und die Information wird zur Ausgabe übertragen. Hier formt die Klingel das elektrische Signal in einen Klingelton um. Somit erfolgt eine Rückwandlung der Information in verwertbare Signale, also die Töne der Klingel. Der Mensch als Informationsempfänger kann sie hören und daraus schließen, dass jemand an der Tür steht und hereingelassen werden möchte.

> Für die elektrische Informationsübertragung werden Informationen in Signale gewandelt und rückgewandelt. Signale sind Träger von Informationen.

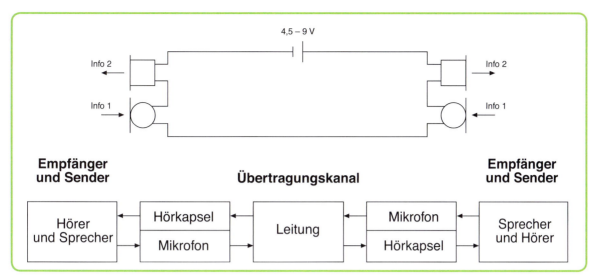

Schalt- und Signalflussplan einer Gegensprechanlage

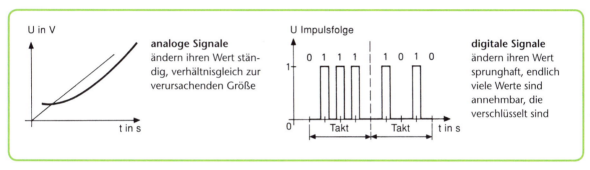

Signalarten

Informationen verschlüsseln

Mit einem Code können wir Informationen ver- und entschlüsseln. Die codierten Informationen müssen eindeutig entschlüsselt werden können. Ein bis heute gültiges Codesystem zur Übertragung von Schriftsprache hat 1837 der Amerikaner SAMUEL MORSE entwickelt: Mit zwei verschiedenen Signalen, kurz und lang, können Buchstaben und Satzzeichen dargestellt werden.

Analoge und digitale Signale

Ein Signal kann beispielsweise eine Spannung sein, die nur die Werte 0 Volt oder 5 Volt annehmen kann. Wird den Spannungswerten eine vereinbarte Bedeutung (0 oder 1) zugeordnet, so wird codiert. Durch diese Codierung haben wir ein digitales Signal. Dagegen kann ein analoges Signal jeden beliebigen Wert, zum Beispiel innerhalb der Grenzen von 0 und 5 V, annehmen.

Digitale Signale sind vor allem für technische Steuerungen bedeutsam.

1 Erläutere an je einem Beispiel den Unterschied zwischen Signal und Information sowie zwischen analogem und digitalem Signal.

2 Nenne Beispiele dafür, wie Informationen gespeichert werden können.

★ 3 Analysiere die Informationskette für ein Telefongespräch und beschreibe den Signalfluss. Nutze die Abbildung auf Seite 130 oben.

★ 4 Konstruiert ein Gerät zur Übertragung von Morsezeichen.

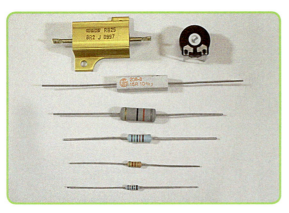

Elektrische Widerstände

Prinzip eines veränderbaren Widerstands

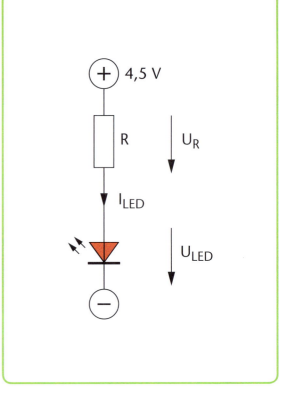

Elektrischer Widerstand im Schaltkreis

Bauelemente der Elektronik: Der Widerstand

Stell dir vor, du willst mit einer 4,5 V Flachbatterie eine Leuchtdiode betreiben. Wenn du die Leuchtdiode direkt an die Flachbatterie hältst, zerplatzt sie in einer Qualmwolke. Wir müssen den Strom durch einen Widerstand begrenzen.

Einen elektrischen Widerstand (R) können wir mit einem Wasserhahn vergleichen. Drehen wir den Hahn fast zu, ist der Widerstand für das Wasser groß, sodass es trotz des Wasserdrucks nur noch tropft. Drehen wir den Hahn auf, ist der Widerstand sehr klein und das Wasser strömt ungehindert aus. Im elektrischen Stromkreis entspricht der Wasserdruck der elektrischen Spannung (U) und der Wasserstrom dem elektrischen Strom (I). Das Verhältnis von Wasserdruck zu Wasserstrom ist wie im elektrischen Stromkreis ein Maß für den Widerstand R. Er wird mit folgender Gleichung berechnet:

$$R = \frac{U}{I} \text{ mit der Einheit } \frac{1V}{1A} = 1\Omega$$

Ein Widerstand besteht vor allem aus einem Keramikröhrchen, das mit einer Kohle- bzw. Grafitschicht versehen wurde. Grafit leitet den elektrischen Strom zwar, aber bereits eine dünne Schicht setzt ihm einen Widerstand entgegen. Die Farbringe auf dem Widerstand bezeichnen die Größe. Um den Strom im elektrischen Stromkreis zu verändern, nutzen wir einen veränderbaren Widerstand, auch Potentiometer genannt. Hier kann auf dem Grafitband ein Schleifer bewegt werden. So wird der Widerstandswert größer oder kleiner.

> Ein elektrischer Widerstand ist ein Bauelement, das den Stromfluss behindert.

1 Beschreibe, wie bei einem Potentiometer der Widerstand geändert wird.

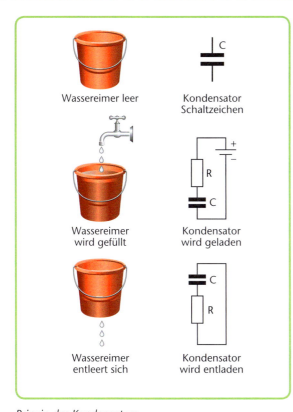

Prinzip des Kondensators

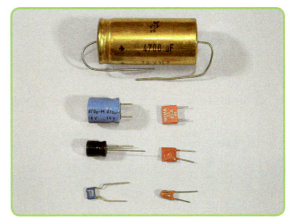

Aufbau eines Kondensators

Diverse Kondensatoren

Bauelemente der Elektronik: Der Kondensator

Ein Kondensator im elektrischen Stromkreis wirkt wie ein Speicher für Ladungen. Wird ein Kondensator über einen Widerstand mit einer Spannungsquelle verbunden, dann lädt er sich langsam auf und die Spannung am Kondensator steigt.

Vergleichen könnte man den Kondensator im elektrischen Stromkreis mit einem Eimer in einem Wasserkreislauf.

Dreht man den Hahn ein wenig auf, fließt das Wasser wegen des Wasserdrucks hinter dem Wasserhahn in den Wassereimer, der sich langsam füllt. Je weiter der Wasserhahn aufgedreht wurde und je kleiner der Eimer ist, desto schneller ist der Eimer voll. Im elektrischen Stromkreis treibt die Spannungsquelle die Ladungsträger durch den Widerstand auf den Kondensator. Wenn der Widerstand klein ist, lädt sich der Kondensator schnell auf, wenn der Widerstand groß ist, dauert das Laden entsprechend länger. Wenn der Wassereimer unten ein mehr oder weniger großes Loch hat, dann entleert sich der Wassereimer mehr oder weniger schnell. Im elektrischen Stromkreis entspricht die Öffnung im Boden des Eimers dem Entladewiderstand R. Je kleiner der Widerstand ist, desto schneller entleert sich der Kondensator. Ist der Kondensator größer, entleert sich der Kondensator bei gleichem Widerstand natürlich langsamer.

Die Größe eines Kondensators wird in Farad (F) gemessen. In elektronischen Schaltungen nutzt man oft Kondensatoren in der Größenordnung µF.

$$1 = \frac{F}{1.000.000} = 1\mu F$$

Kondensatoren sind Bauelemente, die elektrische Ladungen bzw. elektrische Energie speichern können. Diese Fähigkeit wird als elektrische Kapazität bezeichnet.

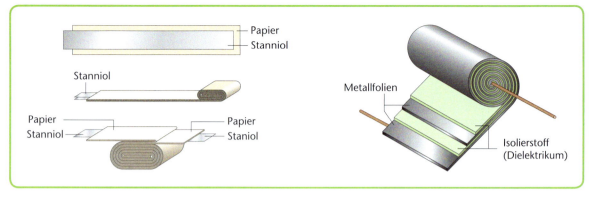

Technischer Aufbau des Kondensators: Möglichst große Platten auf geringstem Raum

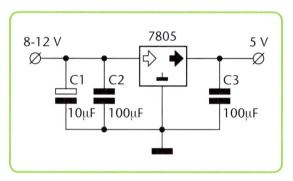

Kondensatoren zum Glätten von Wechselspannungen *Kondensator und Widerstand geben den Takt an*

Bauweise eines Kondensators

Ein Kondensator besteht im einfachsten Fall aus zwei Metallfolien (Stanniol), die durch Papier isoliert aufgewickelt werden. Das Papier lässt keine elektrische Verbindung zwischen den Metallplatten zu. Jede der beiden Folien wird mit je einem Anschlussdraht versehen.

Je größer die Fläche der Metallfolien ist, desto mehr elektrische Ladung lässt sich im Kondensator speichern.

Einsatz des Kondensators

Meist werden Kondensatoren zum Glätten von Spannungen verwendet. Man nutzt dabei die Fähigkeit der Kondensatoren, elektrische Ladung zu speichern und die gespeicherte Ladung bei hohem Ladungsbedarf wieder abgeben zu können wie ein Akku. Kondensatoren werden aber auch als zeitbestimmende elektronische Bauelemente verwendet, indem man die Lade- bzw. Entladezeit eines Kondensators ausnutzt.

Wenn man z. B. einen Kondensator an den Eingang eines Schwellwertschalters (siehe Integrierter Schaltkreis) schaltet und den Ausgang des Schwellwertschalters mit einem Widerstand auf den Eingang zurückkoppelt, entsteht durch diese Beschaltung ein Taktgeber. Die Taktfrequenz hängt dabei von der Größe des Kondensators und des Widerstandes ab.

> Die Speicherfähigkeit von Kondensatoren wird zum Glätten von Spannungen oder zum Taktgeben genutzt.

1 Zeichne das Schaltsymbol eines Kondensators auf und interpretiere die Darstellung im Hinblick auf den Aufbau eines Kondensators.

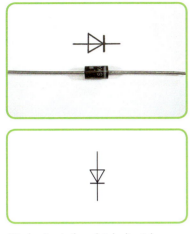
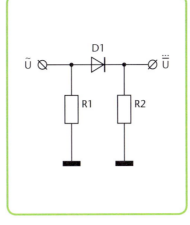
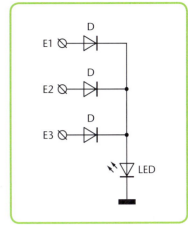

Diode: Bauteil und Schaltzeichen　　Gleichrichterschaltung　　Dioden zur logischen Verknüpfung

Bauelemente der Elektronik: Dioden

Für die Versorgung elektronischer Geräte muss die Wechselspannung aus der Steckdose in Gleichspannung umgewandelt werden. Das Bauelement dafür nennt der Fachmann Gleichrichter. Als solche Gleichrichter werden Dioden verwendet.

Wird auf der einen Seite der Diode Wechselspannung anlegt, kommt am anderen Ende pulsierende Gleichspannung heraus. Der Teil der Wechselspannung, der bezogen auf die Masse (GND) positiv ist, wird durchgelassen und der Teil, der bezogen auf die Masse negativ ist, nicht. Die Diode richtet also die Wechselspannung gleich.

Eine Diode besteht vor allem aus einem winzig kleinen Siliziumwürfel. Wenn du die Möglichkeit hättest, von der Seite mit einem Mikroskop in dieses winzige Würfelchen hineinzusehen, dann könntest du erkennen, dass das Würfelchen aus zwei Schichten besteht: Einer p-Schicht und einer n-Schicht. In der n-Schicht befinden sich mehr Elektronen und in der p-Schicht weniger Elektronen als in reinem Silizium.

In der Grenzschicht zwischen diesen beiden Schichten gleichen sich diese unterschiedlichen Elektronendichten aus und dadurch entsteht in der Grenzschicht eine Spannung von etwa 0,5V. Wenn du an die Diode eine Spannung anlegst, sodass der Minuspol an der n-Schicht der Diode anliegt, dann fließt erst dann ein Strom, wenn du die Spannung der Spannungsquelle auf über 0,5 V erhöhst. Wenn du allerdings die Spannung der Spannungsversorgung genau umgekehrt anschließt, werden noch mehr Elektronen aus der Grenzschicht abgezogen als im spannungslosen Zustand. Wenn aber keine Elektronen da sind, kann auch kein Strom fließen: Die Diode sperrt den Strom!

In der Durchlassrichtung fließt der Strom nur, wenn mit der angelegten Spannung die 0,5 V überwunden werden. In Sperrrichtung fließt der elektrische Strom überhaupt nicht.

Mit Dioden kann man aber auch Signale logisch verknüpfen, wie das im Projekt Würfel (siehe S. 162) genutzt wurde. Die LED leuchtet immer dann, wenn entweder an Eingang E1 oder an Eingang E2 oder an Eingang E3 oder an einer beliebigen Kombination der drei Eingänge eine Spannung von +5 V anliegt.

> Eine Diode ist ein Bauelement, das Strom nur in einer Richtung passieren lässt und in der anderen Richtung den Strom sperrt.

Die Leuchtdiode (LED)

Eine LED ist eine spezielle Art von Diode. Die LED enthält im Siliziumkristall zusätzlich bestimmte Legierungsstoffe, wodurch unterschied-

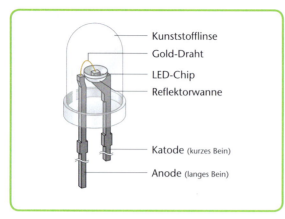

Aufbau der LED

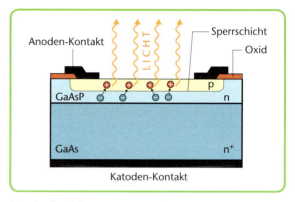

Prinzip der Lichterzeugung in der LED

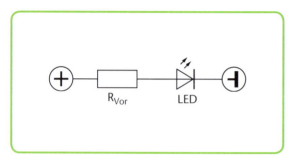

LED im Stromkreis

LED-Farbe	Betriebsspannung U_{LED} in V
rot	1,6
grün	2,2
gelb	2,1
blau	3,0
weiß	3,0

Betriebsspannungen von LEDs

liche Leuchtfarben entstehen. Beispielsweise ergibt sich bei Gallium-Arsen-Phosphor im Durchlassbetrieb rotes Licht. Das Licht einer Leuchtdiode ist einfarbig und kommt im Kristall der Diode durch Abgabe überschüssiger Elektronenenergie zustande. Nach Anlegen einer Spannung in Vorwärtsrichtung dringen Elektronen in die p-Schicht und Löcher in die n-Schicht. Dort rekombinieren sie, und es wird Energie frei, die zum Teil in Licht umgewandelt wird. Diese Strahlung entsteht vorwiegend am Übergang zwischen Sperrschicht und p-Schicht und dringt durch die extrem dünne p-Schicht an die Oberfläche.

> Fließt durch eine Leuchtdiode elektrischer Strom in Durchlassrichtung, so strahlt sie Licht ab.

Zur Strombegrenzung benötigt eine Leuchtdiode einen Vorwiderstand. Die Betriebsspannung einer Leuchtdiode liegt je nach verwendetem Diodentyp etwa zwischen 1,5 V und 3,0 V und der Leuchtdiodenstrom bei ungefähr I_{LED} = 20 mA.

Für eine Versorgungsspannung von $U_{Vers.}$ = 5 V berechnet man den Vorwiderstand für eine rote Leuchtdiode wie folgt:

$$R_{Vor} = \frac{U_{Vers.} - U_{LED}}{I_{LED}} = \frac{5V - 1,6V}{0,02A}$$
$$= \frac{3,4V}{0,02A} = 170\Omega \approx 180\Omega$$

1 Recherchiere im Internet nach der Verwendung von Dioden in elektronischen Schaltkreisen.

2 Vergleiche die LED mit der traditionellen Glühlampe. Nenne Vor- und Nachteile.

Verschiedene Transistoren

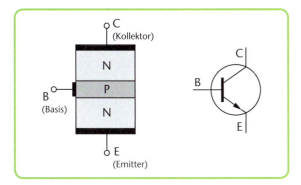
Transistor: Aufbau und Schaltzeichen

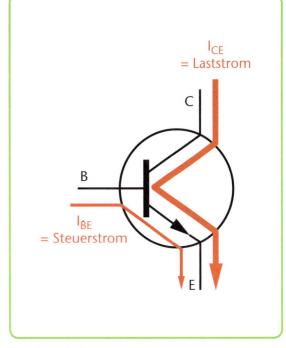
Transistorschaltung

Bauelemente der Elektronik: Der Transistor

Sollen elektrische Signale zuverlässig und ohne mechanische Kräfte verarbeitet werden, können Transistoren eingesetzt werden.

Ein Transistor besteht aus einem winzigen Stückchen Silizium, in das mit Bor (p) und Phosphor (n) drei unterschiedliche Schichten (npn) legiert wurden. Die beiden Grenzflächen dieser Schichten verhalten sich in einem elektrischen Stromkreis sehr unterschiedlich. Die p/n-Grenzschicht reagiert im Stromkreis wie eine Diode in Durchlassrichtung, die n/p-Grenzschicht reagiert natürlich auch wie eine Diode, nur umgekehrt, das heißt sie sperrt den Steuerstrom vollständig.

Wenn aber nun durch die Basis zum Emitter Strom fließt, wird die Basis mit Ladungsträgern überschwemmt. Dadurch wird die Sperrwirkung der oberen n/p-Grenzschicht abgebaut und der Übergang wird leitend. Der Steuerstrom durch Basis/Emitter ist also ein Maß für den Laststrom durch Kollektor/Basis/Emitter.

Die Bauform von Transistoren hängt sehr von der Größe des Laststroms ab. Der aktive Teil eines Signaltransistors ist ein Siliziumwürfel mit einer Kantenlänge von etwa 0,6 mm. Er ist in ein im Verhältnis dazu riesiges schwarzes Plastikgehäuse mit langen Anschlussbeinen eingegossen. Wenn man mit einem Transistor eine Schaltstufe aufbauen will, die einen Verbraucher (Lampe, Motor, Hupe) ein- bzw. ausschalten soll, dann ist es wichtig, den Basisvorwiderstand groß genug zu wählen, damit die empfindliche Basis/Emitterstrecke nicht zerstört wird.

> Der Transistor ist ein elektrischer Schalter, der zum Schalten von kleinen Strömen geeignet ist. Mit dem Basis-Emitter-Stromkreis kann der Kollektor-Emitter-Stromkreis gesteuert werden.

1 Erkläre die besondere Empfindlichkeit der Basis eines Transistors hinsichtlich des maximalen Stroms, der durch diesen Anschluss fließen darf.

Einzelner Integrierter Schaltkreis

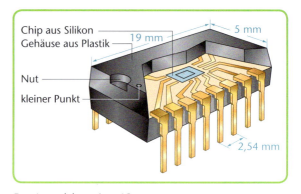
Das Innenleben eines IC

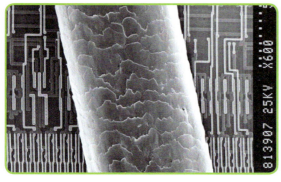
Größenverhältnisse: Menschliches Haar und Speicherbaustein

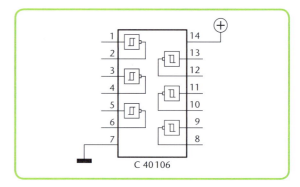
IC mit der Bezeichnung C 40106

Bauelemente der Elektronik: Integrierte Schaltkreise (IC)

Bis in die 50er-Jahre wurden auch in der industriellen Fertigung elektronische Bauteile einzeln auf Leiterplatten aufgelötet und mit Leiterbahnen verbunden. Sie wurden als diskrete Schaltungen bezeichnet. Integrierte Schaltungen dagegen vereinen verschiedene elektronische Bauelemente auf sehr kleinem Raum.

Moderne integrierte Schaltkreise können viele hundert Millionen Bauteile enthalten. Die Abbildung oben zeigt einen Speicherbaustein.

> Ein integrierter Schaltkreis ist eine elektronische Schaltung aus Transistoren, Kondensatoren und Widerständen, die vollständig auf einem einzigen Stück Halbleitersubstrat integriert ist.

Ein IC mit der Bezeichnung C 40106 ist z. B. ein Bauelement mit 14 Anschlussbeinchen. Wie bei fast allen IC wird der Anschluss mit der Nummer 7 mit Masse (GND) verbunden und der Anschluss mit der Nummer 14 mit +Versorgungsspannung. Die Eingänge und Ausgänge der Inverter liegen an der bezeichneten Stelle. Inverter sind elektronische Schaltungen, die am Ausgang den Spannungswert ausgeben, der dem Eingangsspannungswert entgegengesetzt ist. Die Inverter im C 40106 sind darüber hinaus Schwellwertschalter, die beim Überschreiten einer bestimmten Eingangsspannung (1,6 V) ein- und beim Unterschreiten einer bestimmten Eingangsspannung (0,8 V) wieder ausschalten.

1 Stelle Vor- und Nachteile von diskreten und integrierten Schaltungen gegenüber.

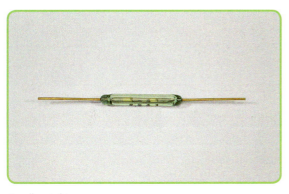
Reedkontakt

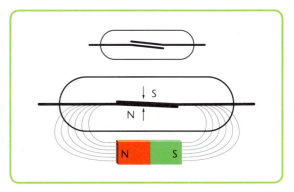
Prinzip des Schaltvorgangs

Fahrradcomputer mit Zubehör

Magnet und magnetisch betätigbarer Schalter

Bauelemente der Elektronik: Sensoren

In technischen Gebilden ist es häufig notwendig, Informationen aus der Umgebung aufzunehmen und elektronisch weiterzuverarbeiten. So will man z. B. in einem Chemiewerk wissen, wie voll Chemikalienbehälter sind. Um die Temperatur der Sohle eines Bügeleisens regeln zu können, muss man die Temperatur elektrisch erfassen. Wenn man vor einem Einbruchsversuch gewarnt werden will, bringt man an der Fensterscheibe einen Vibrationssensor an, der immer dann auslöst, wenn jemand das Fenster zu öffnen versucht.

> Sensoren sind Informationen erfassende technische Bauelemente, die ein elektrisches Ausgangssignal liefern.

Der magnetische Schaltsensor

Magnetische Schaltsensoren sind einfache Sensoren. Sie werden auch als Reedkontakte bezeichnet. Sie ermöglichen berührungslose Schaltvorgänge und werden beispielsweise beim Fahrradtacho verwendet. Eine einfache Form besteht im wesentlichen aus einem Stromkreis, in dem ein Reedkontakt als Schalter eingebaut ist. Der Reedkontakt wird jedes Mal, wenn der an einer Speiche des Vorderrades angebrachte Magnet ihn passiert, geschlossen. Dieser Schaltvorgang sorgt für einen kurzzeitigen Spannungsabfall, der dann gezählt werden kann. Aus der Anzahl der Umdrehungen kann dann z. B. die zurückgelegte Wegstrecke ermittelt werden.

Nähert man dem Reedkontakt einen Magneten, bildet sich an den Kontaktzungen ein Nord- und ein Südpol. Ist das Magnetfeld genügend groß, wird die Federkraft der Kontaktzungen überwunden und der Kontakt wird geschlossen und öffnet sich danach selbsttätig.

> Magnetische Schaltsensoren können Stromkreise schließen und öffnen.

Vibrationssensoren (Original und Schaltzeichen)

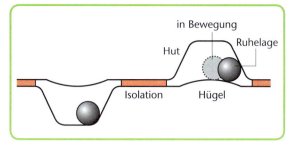
Funktionsprinzip des Vibrationssensors

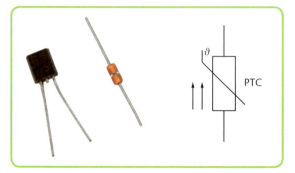
Temperatursensor (Original und Schaltzeichen)

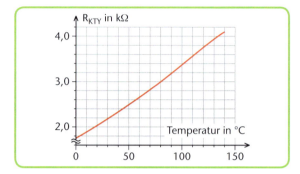
Kennlinie eines Temperatursensors

Der Vibrationssensor

Um beispielsweise bei einer Einbruchssicherung zu erkennen, ob ein Unbefugter an einem Fenster oder einer Tür versucht einzusteigen, wird ein Vibrationssensor verwendet.

Ein Vibrationssensor besteht aus zwei dünnen vergoldeten Metallplättchen, in die jeweils eine kleine Wölbung (Hügel) und eine Vertiefung (Hut) gepresst wurde (siehe die Abbildung oben rechts).

Zwischen Hut und Hügel wird dann noch je eine kleine vergoldete, frei bewegliche Metallkugel eingelegt. In der Ruhelage berührt mindestens eine der beiden Metallkugeln beide Metallplättchen. Der elektrische Kontakt ist also geschlossen. Wird der Sensor bewegt, geraten auch die Metallkugeln in Bewegung und der Kontakt zwischen den beiden Metallplättchen öffnet sich.

> Vibrationssensoren wandeln leichte Erschütterungen in eine elektrische Größe um.

Der Temperatursensor

Wenn man Temperaturen weit über 100 °C elektrisch messen will, braucht man metallische Temperatursensoren aus Nickel oder Platin.

Bei Temperaturen unter 150 °C verwendet man Sensoren aus Silizium. Der beliebte Silizium-Temperatursensor KTY 10 hat eine Kennlinie (siehe oben), die im Bereich von 30 °C – 80 °C fast linear ist. Als Material für Temperatursensoren verwendet man entweder Metalldrähte oder Halbleiterscheibchen.

Die Metallatome bewegen sich mit steigender Temperatur so sehr, dass die Elektronen nicht mehr so gut an ihnen vorbeikommen: Der Widerstand des Metalldrahtes steigt. In einem Halbleiter werden durch die Erhöhung der Temperatur Elektronen aus den Atombindungen befreit: Der Widerstand sinkt (Heißleiter). In hochdotierten Halbleitern ist es aber auch möglich, dass der Widerstand des Halbleitermaterials steigt (Kaltleiter).

> Temperatursensoren wandeln eine Temperatur in eine elektrische Größe um.

LDR im Original und als Schaltzeichen

Anwendung	R in Ω
Beleuchtete Straßen	6000
Treppenhaus	1200
Schulzimmer	360
Bedeckter Himmel im Sommer	25

LDR in Beleuchtungssituationen

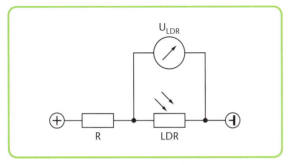

Messschaltung 1

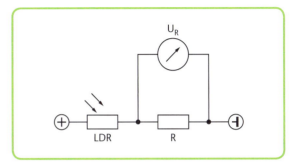

Messschaltung 2

Der Lichtsensor (LDR)

Ist es nicht verwunderlich, dass sich die Straßenbeleuchtung selbstständig einschaltet, sobald es dunkel wird?

Für derartige Schaltungen, in denen die Beleuchtungsstärke von Interesse ist, werden Lichtsensoren (LDR) verwendet. LDR steht für *Light Dependent Resistor*, das bedeutet lichtempfindlicher Widerstand. Die Lichtstärke beeinflusst hier also den elektrischen Widerstandswert. Je stärker der LDR beleuchtet wird, desto geringer wird sein Widerstand.

Soll der LDR als Lichtsensor verwendet werden, ist die Widerstandsänderung in eine Spannungsänderung umzuwandeln. Das kann durch einen Spannungsteiler mit einem Festwiderstand R realisiert werden. Dieser sollte etwa die Größe haben, die der LDR bei Normalbeleuchtung hat. Bei den meisten LDR ist das 1 kW.

Der Festwiderstand R kann rechts oder links in den Spannungsteiler eingebaut werden. Wenn wir ihn wie in Messschaltung 1 links in den Spannungsteiler einbauen, nimmt die Spannung U_{LDR} mit zunehmender Beleuchtung ab.

In der Messschaltung 2 wird der Festwiderstand rechts in den Spannungsteiler eingebaut. Wenn hier der Widerstand des LDR mit zunehmender Beleuchtung abnimmt, nimmt die Spannung U_R mit zunehmender Beleuchtung zu.

Bei einer Versorgungsspannung von 5 V schwankt die Messspannung U_{LDR} zwischen 4,9 V bei völliger Dunkelheit und etwa 0,5 V bei großer Helligkeit.

> Ein Lichtsensor ist ein lichtabhängiger Widerstand. Je höher der Lichteinfall, desto kleiner wird sein elektrischer Widerstand.

1 Vergleiche die vorgestellten Sensoren. Nenne Gemeinsamkeiten und Unterschiede.

★ 2 Berechne den Vorwiderstand für jeweils eine grüne, gelbe und blaue Leuchtdiode bei einer Versorgungsspannung von $U_{Vers.}$ = 5 V und einem Betriebsstrom von I_{LED} = 20 mA.

BCD-Code	Potenzsystem der Ziffer 2				Ziffer
	2^3	2^2	2^1	2^0	
B = binär =	0	0	0	0	0
in 2 Werten (1,0)	0	0	0	1	1
	0	0	1	0	2
C = codiert	0	0	1	1	3
= verschlüsselt	0	1	0	0	4
	0	1	0	1	5
D = Dezimalsystem	0	1	1	0	6
= Zehnersystem	0	1	1	1	7
	1	0	0	0	8
	1	0	0	1	9

Der BCD-Code

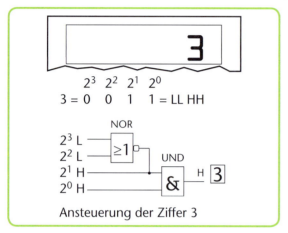

Display eines Taschenrechners

Normzeichen	Benennung	Verknüpfungs-gleichung
A, B — & — Q	UND (AND) Verknüpfung	$Q = A \wedge B$
A, B — & ○— Q	nicht UND (NAND)	$Q = \overline{A \wedge B}$
A, B — ≥1 — Q	ODER (OR) Verknüpfung	$Q = A \vee B$
A, B — ≥1 ○— Q	nicht ODER (NOR)	$Q = \overline{A \vee B}$
A, B — =1 — Q	nur ODER (EXOR)	$Q = (\overline{A} \wedge B) \vee (A \wedge \overline{B})$
A, B — =1 ○— Q	nur nicht-ODER (EXNOR)	$Q = (A \wedge B) \vee (\overline{A} \wedge \overline{B})$
A, B — 1 ○— Q	NICHT-Verknüpfung (Negation)	$Q = \overline{A}$

Genormte Zeichen zur Darstellung logischer Schaltungen

Rechnen mit 0 und 1

Wie elektronische Schaltungen rechnen

In elektronischen Bauteilen von Datenverarbeitungsanlagen befinden sich Schaltungen, die tausende von logischen Operationen ausführen, damit die gewünschten Informationen verarbeitet werden. Dazu ist ein Code erforderlich, der eine sehr schnelle Datenverarbeitung unterstützt.

> Die kleinste Informationseinheit in der Digitaltechnik ist ein Bit. Eine Gruppierung von acht Bit nennen wir ein Byte. Ein Byte ist die kleinste adressierbare Speichereinheit eines Computers.

Als Code wird *Binary Coded Decimals* (BCD) verwendet, mit dem alle dezimalen Zahlen mit den beiden Zahlenwerten 1 und 0 verschlüsselt werden.

Die codierten Ziffern werden nach der von George Boole Mitte des 19. Jahrhunderts entwickelten Algebra berechnet. Sie zerlegt die Aufgaben in elementare Schritte. Diese Operationen erfolgen in Computern durch miteinander verbundene Gatter. Gatter sind Schaltelemente, die nach logischen Vorschriften arbeiten und an- oder abgeschaltet werden können, je nachdem, ob die richtige Kombination von Impulsen ankommt.

Die Boolschen Grundoperationen sind UND, ODER und NICHT. Diese Grundoperationen oder beliebige Kombinationen davon können von elektronischen Gattern mit hoher Geschwindigkeit ausgeführt werden. In der Abbildung oben wird auf dem Display die Ziffer „3" angezeigt. Der Code lautet „0011". In der benötigten logischen Schaltung wird für die Anzeige der „3" das erste Gatter auf „High", „UND", das zweite Gatter auf „High" geschaltet.

32	00100000	33	00100001 !	34	00100010 "	35	00100011 #	36	00100100 $
37	00100101 %	38	00100110 &	39	00100111 '	40	00101000 (	41	00101001)
42	00101010 *	43	00101011 +	44	00101100 ,	45	00101101 –	46	00101110 .
47	00101111 /	48	00110000 0	49	00110001 1	50	00110010 2	51	00110011 3
52	00110100 4	53	00110101 5	54	00110110 6	55	00110111 7	56	00111000 8
57	00111001 9	58	00111010 :	59	00111011 ;	60	00111100 <	61	00111101 =
62	00111110 >	63	00111111 ?	64	01000000 @	65	01000001 A	66	01000010 B
67	01000011 C	68	01000100 D	69	01000101 E	70	01000110 F	71	01000111 G
72	01001000 H	73	01001001 I	74	01001010 J	75	01001011 K	76	01001100 L
77	01001101 M	78	01001110 N	79	01001111 O	80	01010000 P	81	01010001 Q
82	01010010 R	83	01010011 S	84	01010100 T	85	01010101 U	86	01010110 V
87	01010111 W	88	01011000 X	89	01011001 Y	90	01011010 Z	91	01011011 [
92	01011100 \	93	01011101]	94	01011110 ^	95	01011111 _	96	01100000 `
97	01100001 a	98	01100010 b	99	01100011 c	100	01100100 d	101	01100101 e
102	01100110 f	103	01100111 g	104	01101000 h	105	01101001 i	106	01101010 j
107	01101011 k	108	01101100 l	109	01101101 m	110	01101110 n	111	01101111 o
112	01110000 p	113	01110001 q	114	01110010 r	115	01110011 s	116	01110100 t
117	01110101 u	118	01110110 v	119	01110111 w	120	01111000 x	121	01111001 y
122	01111010 z	123	01111011 {	124	01111100		125	01111101 }	126	01111110 ~
127	01111111								

ASCII = American Standard Code of Information Interchange

zum Beispiel: „A" = 01000001
„S" = 01010011
„C" = 01000011
„I" = 01001001
„I" = 01001001

ASCII-Tabelle

Buchstaben und Sonderzeichen darstellen

Mit den beiden Zahlen „1" und „0" bzw. den Schaltzuständen „high" und „low" lassen sich nicht nur Dezimalzahlen, sondern auch alle Buchstaben, Satz- und Sonderzeichen abbilden. Als Standard für die Informations- und Kommunikationstechnik gilt der ASCII-Code. Er sieht ebenfalls die Bündelung von vier Bits in Tetraden vor. Immer zwei Tetraden werden zur Darstellung eines Zeichens genutzt, sodass acht Bit für ein Zeichen erforderlich sind.

Die Leistungsfähigkeit eines Mikroprozessors wird durch die Geschwindigkeit angegeben, mit der Rechenoperationen ausgeführt werden. Sie wird als Takt-Rate bezeichnet und bei leistungsfähigen Prozessoren in Megahertz (MHz) oder Gigahertz (GHz) angegeben.

1 Schreibe deinen Wunschberuf im ASCII-Code.

2 Ermittle, welche Speicherkapazität und welche Taktrate ein Computer hat, den du in der Schule nutzt. Wie viele Bytes sind es?

★ 3 Die ASCII-Zeichencodierung definiert 128 Zeichen, bestehend aus 33 nicht druckbaren sowie 95 druckbaren. Nenne drei nicht druckbare Zeichen.

★ 4 Lebensmittelverpackungen sind mit einem Strichcode versehen. Ist es ein binärer, analoger oder digitaler Code? Begründe. Wie wird er gelesen? Welche Vorteile bringt dieser Code für den Einzelhandel?

★ 5 Entwickle eine Ansteuerschaltung für die Ziffer 5. Nutze die Abbildung auf Seite 142 links unten.

Verkehrskreuzung

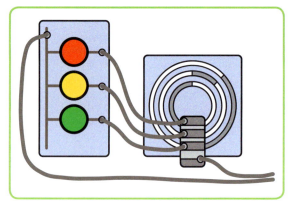
Programmsteuerung einer Ampel

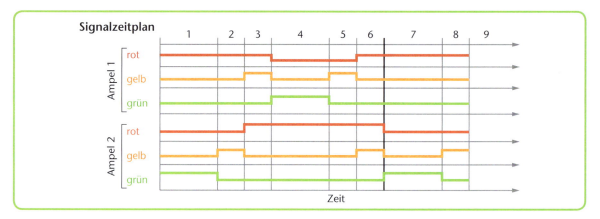
Signalzeitplan einer Ampel

Die Programmablaufplanung

Die Programmierung
Damit ein Mikroprozessor die gewünschte Funktion ausführen kann, muss er programmiert werden. Grundlage für die Programmierung ist ein Algorithmus.

> Ein Algorithmus ist eine Folge von exakten Arbeitsanweisungen, mit denen ein Lösungsweg eindeutig beschrieben wird.

Am Beispiel der Verkehrsregelung wird die Vorgehensweise von der Analyse zur Programmablaufplanung deutlich.

Verkehrsregelung mit Lichtsignalanlage
Schnell wird die Vorfahrt übersehen und schon ist es passiert: Immer wieder kracht es an der unübersichtlichen Kreuzung. Da hilft nur eine Verkehrsregelung. Bis in die 1960er-Jahre übernahmen das Polizisten, heute hat man Ampelanlagen.

Von der Analyse zur Planung
Bevor eine Lichtsignalanlage eingerichtet wird, muss die Verkehrslage analysiert werden. Mit Verkehrszählungen wird festgestellt, zu welcher Tageszeit wie viele Fahrzeuge aus jeder Richtung die Kreuzung passieren.
Die Bedarfsermittlung ist Grundlage für die Berechnung der Schaltzyklen. Dabei ist zu bedenken, wie lange jedes Signal leuchten soll, damit der Verkehr flüssig läuft. Die Dauer der Gelbphase ist gesetzlich geregelt. Rot- und Grünphasen können bedarfsgerecht geschaltet werden. Schaltzyklen werden in einem Schaltdiagramm dargestellt.

Elemente eines Programmablaufplanes

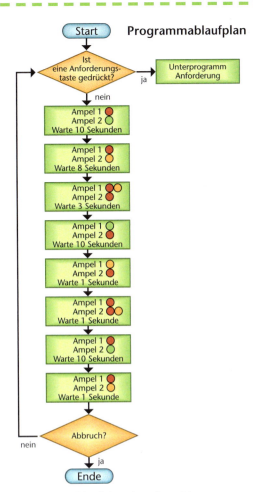

Programmablaufplan einer Ampelsteuerung

In dem Schaltdiagramm auf Seite 32 zeigt sich, dass je drei Lichtsignale einer Ampel mit den anderen drei Lichtsignalen abgestimmt sind. Im Programmablauf darf immer nur eine Fahrtrichtung ein grünes Signal erhalten, während für die andere ein rotes Signal geschaltet sein muss. Zwischendurch sind beide Ampeln auf rot geschaltet. Die oben dargestellte Abbildung zeigt einen Programmablaufplan für eine Ampelsteuerung. Solch ein Programmablaufplan dient der Strukturierung und ist für das Verständnis der Teilvorgänge hilfreich.

> Ein Programmablaufplan (PAP) ist eine Möglichkeit zur grafischen Darstellung eines Algorithmus.

1 Beschreibe die oben dargestellten genormten Symbole für Programmablaufpläne.

★ 2 Analysiert die Arbeitsweise einer Lichtsignalanlage vor Ort zur Verkehrsregelung. Stellt in einem Schaltdiagramm die Schaltzyklen der Anlage übersichtlich dar. Gebt dabei die Schaltdauer in Sekunden an.

★★ 3 Baut das Modell einer Lichtsignalanlage für eine Kreuzung mit Haupt- und Nebenstraßenampel. Entwickelt einen Programmablaufplan und steuert die Lichtsignalanlage von Hand. Entwickelt anschließend eine Steuerung, die die manuelle Arbeit übernehmen kann.

Produkte mit CNC-Fräsmaschine gefertigt (aus Dentaltechnik)

Zerspanungsmechaniker an einer modernen CNC-Fräsmaschine

Produkte mit CNC-Fräsmaschine gefertigt

Automatisierte Produktion

CNC-Werkzeugmaschinen

Seit über 30 Jahren werden zur Herstellung von Produkten aus Metall programmgesteuerte Werkzeugmaschinen, CNC-Maschinen, eingesetzt.

> CNC ist die Abkürzung für *Computerized Numerical Control* und bedeutet bei einer Werkzeugmaschine, dass sie über ein Programm elektronisch gesteuert wird.

Mitte der 1970er-Jahre wurden CNC-Maschinen noch mit Lochstreifen programmiert. Dazu wurde ein Papierstreifen Zeile für Zeile an den vorgesehenen Positionen gelocht oder nicht gelocht, entsprechend den Zuständen 1 und 0 (high/low). So enthält ein Lochstreifen in codierter Form alle Befehle zur Steuerung der Maschine.

Maschinen benötigen eine Sprache

Für die Maschinensteuerung ist eine Programmiersprache erforderlich, mit der die notwendigen Informationen auf die Maschine übertragen werden können. Das Programm auf S. 35 ist für eine CNC-Fräsmaschine, deren Weginformationen in drei Koordinaten gesteuert werden können. Jedes CNC-Programm besteht aus mehreren „Sätzen": So werden die einzelnen Zeilen bezeichnet. Jeder Satz wiederum besteht aus einzelnen „Wörtern". Ein Wort besteht aus Adressbuchstaben und entsprechenden Wertangaben. Damit nachträglich Zeilen eingefügt werden können, werden die Sätze meist in 10er-Schritten nummeriert.

> Eine Programmiersprache ist eine künstliche Sprache zur Formulierung von Vorschriften, die von einer Datenverarbeitungsanlage ausgeführt werden können. Die Programmiersprache zur Steuerung von Werkzeugmaschinen ist durch Normen vereinheitlicht.

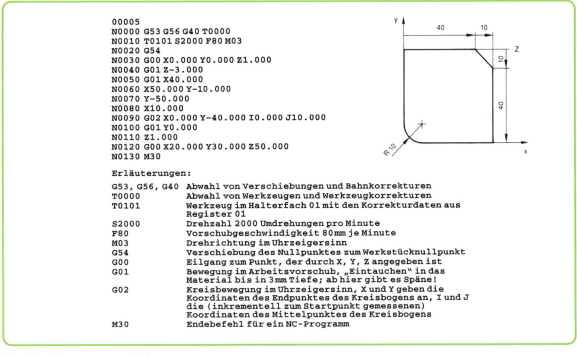

```
00005
N0000 G53 G56 G40 T0000
N0010 T0101 S2000 F80 M03
N0020 G54
N0030 G00 X0.000 Y0.000 Z1.000
N0040 G01 Z-3.000
N0050 G01 X40.000
N0060 X50.000 Y-10.000
N0070 Y-50.000
N0080 X10.000
N0090 G02 X0.000 Y-40.000 I0.000 J10.000
N0100 G01 Y0.000
N0110 Z1.000
N0120 G00 X20.000 Y30.000 Z50.000
N0130 M30

Erläuterungen:
G53, G56, G40   Abwahl von Verschiebungen und Bahnkorrekturen
T0000           Abwahl von Werkzeugen und Werkzeugkorrekturen
T0101           Werkzeug im Halterfach 01 mit den Korrekturdaten aus
                Register 01
S2000           Drehzahl 2000 Umdrehungen pro Minute
F80             Vorschubgeschwindigkeit 80 mm je Minute
M03             Drehrichtung im Uhrzeigersinn
G54             Verschiebung des Nullpunktes zum Werkstücknullpunkt
G00             Eilgang zum Punkt, der durch X, Y, Z angegeben ist
G01             Bewegung im Arbeitsvorschub, „Eintauchen" in das
                Material bis in 3mm Tiefe; ab hier gibt es Späne!
G02             Kreisbewegung im Uhrzeigersinn, X und Y geben die
                Koordinaten des Endpunktes des Kreisbogens an, I und J
                die (inkrementell zum Startpunkt gemessenen)
                Koordinaten des Mittelpunktes des Kreisbogens
M30             Endebefehl für ein NC-Programm
```

Das CNC-Programm zur Zeichnung

CAD und CAM

Seit Anfang der 80er-Jahre des 20. Jahrhunderts setzt sich die computergestützte Konstruktion durch. Konstruktionszeichnungen werden mithilfe von CAD-Programmen an Computerarbeitsplätzen erstellt.

Weitere Vorteile ergeben sich durch die Möglichkeit, die Konstruktionsdaten in Steuerprogramme für die Werkzeugmaschinen umzuwandeln. Hierdurch werden Programmierzeiten und Kosten eingespart. Ziel ist, den Menschen immer mehr von Routineaufgaben zu entlasten.

> Die Kopplung von computergestützter Konstruktion (CAD) mit computergestützter Produktion (CAM) wird auch als CAD/CAM bezeichnet.

CIM

In modernen Firmen sind verschiedene Unternehmensbereiche über ein Netzwerk verbunden, sodass alle Daten für verschiedene Arbeiten zur Verfügung stehen. So werden Konstruktionsdaten auch für die Materialbeschaffung, Lagerhaltung, Herstellung und Preiskalkulation verwendet.

Darüber hinaus werden in der Automobilproduktion die Zulieferbetriebe in das Netzwerk einbezogen. So lassen sich in relativ kurzer Zeit Autos nach Kundenwünschen herstellen.

> Bei *Computer Integrated Manufactoring* (CIM) sind verschiedene Unternehmensbereiche in einem computergestützten Netzwerk verbunden.

1. Erkundet den Arbeitsplatz eines/einer Zerspanungsmechanikers/-mechanikerin. Dokumentiert die Arbeitsschritte von der Konstruktion bis zur computergestützten Produktion.

★ 2. Informiert euch über den Beruf Zerspanungsmechaniker/-in. Nutzt *Beruf aktuell*. Recherchiert im Internet nach Ausbildungsplatzangeboten. Welche Voraussetzungen werden erwartet?

10 Das kann ich!

Informationsübertragung und elektronische Bauelemente

A Historisches und Aktuelles

Chappe-Zeigertelegraf

A.1 Das erste Fernmeldenetz der Welt wurde 1793 in Frankreich erfunden und benutzt. Es waren die Brüder Chappe, die die Zeigertelegrafie erfunden, gebaut und verwaltet haben. Dabei handelte es sich um Türme, die jeweils etwa 10 km und mehr Abstand voneinander hatten. Auf der Turmspitze war ein Balken mit zwei beweglichen Armen angebracht. Hiermit konnten verschiedene Figuren gebildet werden. Der Empfänger beobachtete die vereinbarten Zeigerstellungen mit dem Fernglas und konnte die notwendigen Informationen entnehmen.

A.2 Funk-Video-Türsprechanlage

Wie beim Türspion ermöglicht es die Sprechanlage mit Videounterstützung zu sehen, wer vor der Haustür steht. Der Gesprächskontakt der Sprechanlage wird um eine Kamera und damit um eine zusätzliche optische Kontrolle erweitert. Man sieht also aus der Sicherheit der eigenen vier Wände heraus, wer Zutritt haben möchte.

B Bedienerfreundlich und gefährlich?

Das Induktionskochfeld aus keramischem Glas ist mit vier schnellen Kochzonen ausgestattet Die Steuerung erfolgt über Berührungssensoren.
Der Stromkreis am Sensor wird offensichtlich mittels Stromfluss durch den Finger des/der Bedienenden geschlossen.

C Analog und digital

Analog- und Digitalanzeige

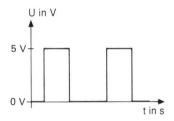

binäre Signale ändern ihren Wert sprunghaft, können nur zwei Werte annehmen (L und H oder 0 und 1)

D Unlogisch aber wahr

Am 26. Oktober 1861 testete Philipp Reis das von ihm erfundene Telefon mit den Sätzen:

„Das Pferd frisst keinen Gurkensalat."

„Die Sonne ist von Kupfer."

Philipp Reis

Wichtige Begriffe

Elektronisches Bauelement
BIT und Byte
Mikroprozessor
Informationskette

LED
Sensor
Signal
Transistor
Kondensator

Wissen und erklären

1 Erklärt euch gegenseitig die wichtigen Begriffe.

2 Beschreibe die Informationsketten in den beiden technischen Systemen zum Informationsumsatz (A).

Informationen beschaffen und auswerten

3 Erarbeite eine Präsentation zur historischen Entwicklung der Informationsübertragungstechnik vom 19. Jahrhundert bis heute. Gehe dabei vor allem auf die Veränderungen für den Techniknutzer ein (A).

4 Begründe, warum Philipp Reis die Sätze, die offensichtlich wenig Sinn haben, in das von ihm entwickelte Telefon sprach. (D)

5 Beschreibe die Funktion des Transistors als Schalter und Verstärker anhand eines Schaltplanes.

Beurteilen, entscheiden und handeln

6 Signale sind Träger von Informationen. Was ist der Unterschied zwischen analogen und digitalen Signalen? Nenne Merkmale. Begründe den Vorteil von digitalen Signalen. Was ist das Besondere an binären Signalen? Vergleiche in Bezug auf analoge und digitale Signale. (C).

7 Berührungssensoren versus mechanische Schalter: Begründe, warum mechanische Schalter in elektronischen Geräten mehr und mehr durch kontaktlose elektronische Schalter ersetzt werden (B).

8 Juliane behauptet, dass Berührungssensoren die Stromverstärkung des Transistors nutzen. Setze dich mit ihrer Auffassung auseinander und begründe deine Meinung.

Wir stellen eine Platine her

Eine Platine oder auch Leiterplatte ist ein Träger für elektronische Bauteile. Sie dient einerseits der mechanischen Befestigung und andererseits der elektrischen Verbindung der elektronischen Bauelemente.

So gehen wir vor

  Wir erstellen aus dem Schaltplan mit einem Layoutprogramm ein Layout und drucken es auf Folie aus.

  Wir legen das Layout auf eine photobeschichtete Platine und belichten mit UV-Strahlung.

 Wir entwickeln die belichtete Platine in Natronlauge.

 Wir ätzen die entwickelte Platine in einer Ätzlaube (Mischung aus Wasser, Salzsäure und Wasserstoffperoxid).

 Wir bohren die Platine an den gekennzeichneten Stellen mit einem Hartmetallbohrer.

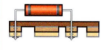 Wir überziehen die Kupferseite mit einem Schutzlack und bestücken dann die Platine. Dabei beginnen wir mit den dünnsten Teilen.

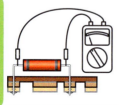 Wir testen die Platine zunächst nur optisch und dann mit angelegter Versorgungsspannung.

Informations- und Kommunikationstechnik

11

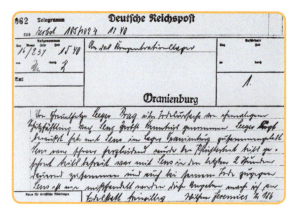
Telegramm

Telefonzelle

Telefon mit Schnur

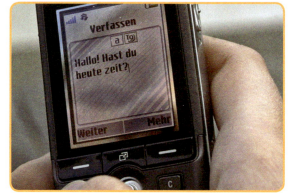
SMS in einem Mobiltelefon

Mit Mobilfunk immer online

Vom Telegrammstil zur SMS

Ein Leben ohne Handy oder Smartphone ist für uns kaum vorstellbar: Wir können damit Informationen schnell und bequem austauschen. Lenas Urgroßvater erinnert sich dagegen noch genau, wie er mit einem Telegramm über die Geburt seines Enkels informiert wurde. Telegramme waren in einer Zeit, in der es kaum Telefone in den privaten Haushalten gab, eine sinnvolle Möglichkeit, um wichtige Nachrichten vergleichsweise schnell zu überbringen. Das war so Ende des 19. und bis weit in die Mitte des 20. Jahrhunderts. So wie heute bei SMS eine Kurz- und Zeichensprache genutzt wird, entwickelte sich damals ein so genannter Telegrammstil. Das war wichtig, da sich das Entgelt für ein Telegramm vor allem nach der Anzahl der Wörter richtete. Der Text lautete nicht „Ich komme am Sonntag um 13:00 Uhr an.", sondern „Ankomme Sonntag 13 Uhr."

Der Besitz eines Festnetztelefons war da schon ein gewaltiger Vorteil, auch wenn man mit der Telefonschnur noch weitgehend ortsgebunden war. Die Übermittlung der Nachrichten erfolgte beim Festnetz noch durch elektrische Kabel aus Kupfer. Das Festnetz war ursprünglich nur für die Sprachtelefonie ausgelegt. Aufgrund der technologischen Entwicklung ist es inzwischen möglich, auch Musik und Videos zu übertragen.

Aufbau und Funktion eines Mobilfunknetzes

Wenn du mit deinem Mobiltelefon deine Mutter auf ihrem Mobiltelefon anrufst, wird nicht einfach eine direkte Verbindung von Handy zu Handy hergestellt. Damit mit einem Mobiltelefon Informationen ausgetauscht werden können, ist ein Mobilfunknetz notwendig. Dieses Mobilfunknetz nimmt das Funksignal des Handys auf,

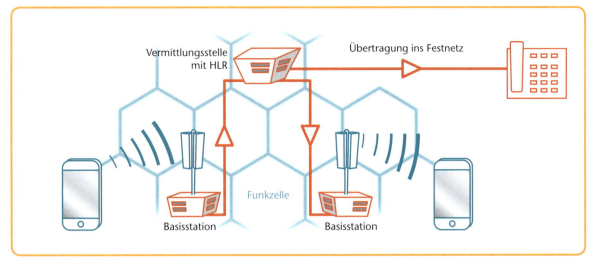

Datenübertragung im Mobilfunknetz

überträgt es und ordnet das Signal dem richtigen Empfänger zu.

> In Mobilfunknetzen erfolgt der Zugang der Nutzer drahtlos, d. h. nicht an eine Leitung gebunden. Damit wird das Senden und Empfangen von Nachrichten an unterschiedlichen Standorten ermöglicht.

Bei einem Telefonat wandelt dein Handy zunächst die gesprochenen Worte in Signale um, die dann mittels Funkwellen zu einer Basisstation transportiert werden. Die Basisstation übersetzt die Funkwellen der Mobilfunkantenne in digitale Signale. Die zum Transport der Signale verwendeten Funkwellen werden umgangssprachlich auch Strahlen genannt.

Jede Basisstation besteht aus einer Sende- und Empfangsstation und bildet so eine eigene Funkzelle. Die Basisstation versorgt die Funkzelle mit Empfang und registriert gleichzeitig, welche Handys des eigenen Netzes in ihrem Versorgungsbereich eingeschaltet sind. Bei einem Telefonat werden die Signale dann zu einer Vermittlungsstelle weitergeleitet. Sie ist die Hauptkomponente eines jeden Netzes, denn sie ordnet das Signal dem richtigen Empfänger zu. Dabei kann sie auch den Übergang zu anderen Netzen organisieren, zum Beispiel dem Festnetz.

Für die Suche nach dem gewünschten Gesprächsteilnehmer stehen umfassende Datenbanken (Home Location Register = HLR) zur Verfügung. Anhand dieser Information kann jedes Handy vollautomatisch überall auf der Welt innerhalb von Sekunden gefunden und angerufen werden. Da jede Basisstation nur eine begrenzte Menge von Signalen austauschen kann, müssen beispielsweise in Städten die Antennen entsprechend nahe zusammen sein, dagegen sind in weniger dicht besiedelten Gebieten die Abstände größer. Mobilfunknetze haben eine Wabenstruktur. Die sechseckigen Waben sind die einzelnen Funkzellen. Jede Funkzelle ist von sechs weiteren Funkzellen mit je einer Basisstation umgeben. Zwischen den Basisstationen und der Vermittlungsstelle liegt die Übertragungstrecke. Ein Teil der Übertragungsstrecke zwischen Basisstation und Vermittlungsstelle besteht aus Telefonkabeln. Viele Verbindungen werden aber auch mit Funk übertragen.

> Beim Mobilfunk werden Wörter und Daten mittels Funkwellen von Basisstationen übertragen. Basisstationen bilden Funkzellen als wabenförmige Netze.

Display: Bedienelement und Informationsausgabe

SIM-Schacht mit SIM-Karte

SIM-Karten werden immer kleiner

Akkumulator

Aufbau und Funktion eines Mobiltelefons

Im deutschsprachigen Raum werden Mobiltelefone in der Regel Handy genannt. Das hört sich englisch an, ist es aber nicht. Der Engländer spricht vom *mobile phone*. Die ersten Handys waren groß und unhandlich. Sie hatten nur eine geringe Reichweite und eine kurze Betriebsdauer. Inzwischen werden in immer kürzeren Zeitabständen neue Geräte auf den Markt gebracht. Das Handy, das vor allem zum Telefonieren und zum Schreiben von SMS ausgelegt war, wird zunehmend vom Smartphone verdrängt.

> Ein Smartphone ist ein Handy mit erweitertem Funktionsumfang. Es kann nicht nur zum Telefonieren, sondern auch zum Surfen im Internet, als Mediaplayer, Terminplaner, Adressbuch, Navigationsgerät und vieles mehr genutzt zu werden.

Ein Smartphone ist – vor allem seit der Einführung des iPhones – üblicherweise mit einem Touchscreen für die Steuerung per Finger ausgestattet. Allerdings ist eine klare Abgrenzung zwischen Smartphone und gewöhnlichem Handy immer weniger möglich. Auch bei den Handys werden Displays größer und farbiger und die Nutzungsmöglichkeiten vielfältiger.

So unterschiedlich auch das Design der Geräte ist, unter dem Deckel sind die wichtigsten Bauteile sehr ähnlich. Das zentrale Bedienelement eines Smartphone ist das Display. Aber auch bei Handys mit Tastatur ist es für den Anwender zur Darstellung zahlreicher Informationen äußerst wichtig. Ist das Display berührungsempfindlich, dann dient es als Touchscreen zur Steuerung des Geräts. Das macht Spaß und ist einfach. Durch die Berührung des Displays mit dem Finger ändert sich das elektrische Feld, sodass es zu einem elektrischen Impuls kommt.

Kamera

Mikro und Lautsprecher

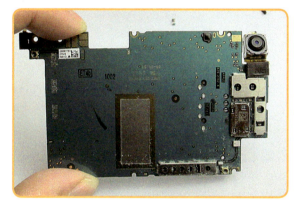
Platine mit Prozessor

Motor für den Vibrationsalarm

Zum Telefonieren muss ein Handy mit einer SIM-Karte (Abkürzung von englisch *subscriber identity module*, deutsch Teilnehmer-Identitätsmodul) versehen sein. Das SIM ist ein kleiner Prozessor mit Speicher. Mit der Karte wird der Nutzer im Netz identifiziert. Darüber hinaus befinden sich in den Mobiltelefonen verschiedene Chips, Prozessoren, Speicher und andere elektronische Bauteile, um das Senden und Empfangen zu ermöglichen.

> Das Herzstück eines Handys ist einem Computer ähnlich und befindet sich auf der Hauptplatine.

Smartphones ähneln in ihrer Benutzung und Funktionsweise inzwischen eher einem Computer als einem klassischen Handy. Auch hier gilt das EVA-Prinzip. Inzwischen können wir sogar Software auf das Telefon laden. Das ist beispielsweise der Fall, wenn Apps aufgespielt werden. Das Kürzel steht für englisch *application software* (*application* bedeutet Anwendung), abgekürzt *App*.

★ **1** Händler werben oft mit dem Hinweis, dass ein Mobiltelefon simlockfrei ist. Erkläre, was das bedeutet. Begründe, warum derartige Geräte deutlich teurer sind als solche, die diese Eigenschaft nicht haben.

2 Berufe im Handel sind beliebt. Nenne Gründe, die für und gegen eine Ausbildung im Handel sprechen. Stelle ein Berufsbild aus dieser Branche vor.

★ **3** Warum lassen sich moderne Touchscreens beim Berühren mit dem Fingernagel oder mit Handschuhen nicht bedienen? Begründe.

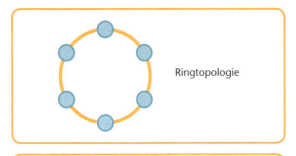
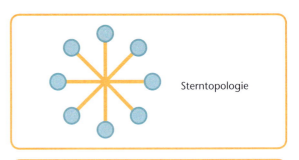
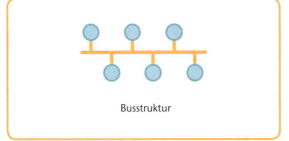
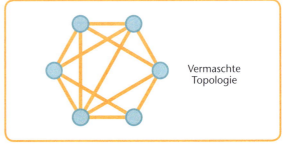

Netztopologien

Informationstechnische Netzwerke

Lokale und globale Netze

Während ein Telefon nur im Zusammenwirken mit anderen Telefonen in einem Kommunikationsnetz funktioniert, können Computer auch einzeln verwendet werden. Allerdings sind inzwischen auch Computer immer mehr vernetzt.

> Durch die Verbindung von Datenverarbeitungssystemen ergeben sich Netzwerke, die der Informationsübertragung dienen.

Die Netzwerke können eine unterschiedliche Komplexität aufweisen: Lokale Netzwerke beschränken sich auf ein Gebäude oder das Gelände einer Firma mit bis zu wenigen Kilometern Abstand voneinander. Sie werden als *Local Area Network* (LAN) bezeichnet. LAN werden von einem Betreiber verwaltet und organisiert. Sie unterstützen eine hohe Datenübertragungsgeschwindigkeit und die gemeinsame Nutzung von Programmen, Geräten und einer Zentralstation. Die Signale können über verschiedene Stoffe, Fachleute sprechen von Medien, übertragen werden, wie zum Beispiel Luft, Koaxialkabel oder Glasfaserleitungen.

Erfolgt die Vernetzung kabellos (englisch *wireless lan*) durch die Luft, dann wird von einer WLAN-Verbindung gesprochen.

> LAN und WLAN sind Typen lokaler Netzwerke. Beim WLAN sind die Computer untereinander kabellos vernetzt.

Es gibt mehrere Möglichkeiten, Rechner in einem *Local Area Network* (LAN) zu verbinden. Fachleute sprechen hier von der Topologie des Netzes.

Netztopologien

Eine Möglichkeit ist die Sterntopologie. Hierbei hat ein Rechner eine direkte Verbindung zu jedem einzelnen Computer-Arbeitsplatz. In der Fachsprache wird von einem Server-Client-Konzept gesprochen, wenn die Anwender (Clients) beim Server Informationen abrufen und abgeben. Der Vorteil der Sterntopologie besteht darin, dass bei Ausfall einer Verbindung nur ein Gerät ausfällt. Nachteilig sind die höheren Kosten durch den hohen Aufwand an Kabeln und die bei längeren Verbindungen notwendigen Übertragungsverstärker.

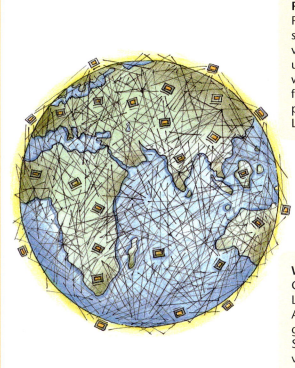

FTP (File Transfer Protocol)
FTP ist eine recht schnelle Möglichkeit zum Einstellen und Herunterladen von Softwarepaketen von FTP-Servern. Wir können über FTP auf eine umfassende Sammlung an Freeware und Shareware zugreifen. Freeware ist Software, die kostenfrei verwendet werden darf, Shareware darf erprobt und gegen eine relativ geringe Lizenzgebühr längerfristig genutzt werden.

E-Mail
Elektronische Post wird in Sekundenschnelle verschickt. Wir können an eine Mail weitere Dateien mit Texten, Bildern usw. anhängen.

World Wide Web – www
Grafisch gestaltete Dokumente können durch Links (Verbindungen) in Beziehung stehen. Durch Anklicken eines Links springt man auf das daran geknüpfte Dokument und kann so von einem Server zum nächsten Server „surfen" (im Sinne von „sich treiben lassen").

Das Internet und seine Dienste

Eine weitere Möglichkeit ist die Busstruktur, bei der wie bei einem Baum eine Stammleitung geführt wird, an der einzelne Computer ein- oder ausgekoppelt werden können. Einer der Computer kann als Server (Hauptrechner) definiert werden, auf dem die Daten gespeichert und der Datenaustausch organisiert werden.

Weltweites Netz

Das Internet ist ein weltweites Netzwerk, das den Zugang zu verschiedenen Internetdiensten wie zum Beispiel World Wide Web (www.), E-Mail, FTP (zur Dateiübertragung) ermöglicht. Neuere Internetdienste sind das Radio, die Telefonie (VOIP) oder das Fernsehen. Im Prinzip basiert das Internet auf einem globalen Netzwerk aus vielen Rechnernetzwerken, durch das Daten ausgetauscht werden. Dieser Datenaustausch erfolgt hierbei durch die so genannten Internetprotokolle wie zum Beispiel HTTP (im World Wide Web), FTP (beim Datenaustausch) oder auch POP (bei E-Mails). Ein Protokoll ist ein Satz an Regeln, die das Verhalten der Computer bei der Kommunikation vorschreiben.

> Das Internet (Abkürzung für engl. *Interconnected Networks*) ist ein weltweites Netzwerk voneinander unabhängiger Computer-Netzwerke.

1 Welche Netzstruktur hat das Netz in eurer Schule? Fertige eine Skizze an. Zeichne Server, Clients und Ausgabegeräte ein.

2 Berufe in der Kommunikations-Branche sind nicht nur bei Jungen beliebt. Nenne Gründe, die für und die gegen eine Ausbildung in der Branche sprechen. Stelle ein Berufsbild aus dieser Branche vor.

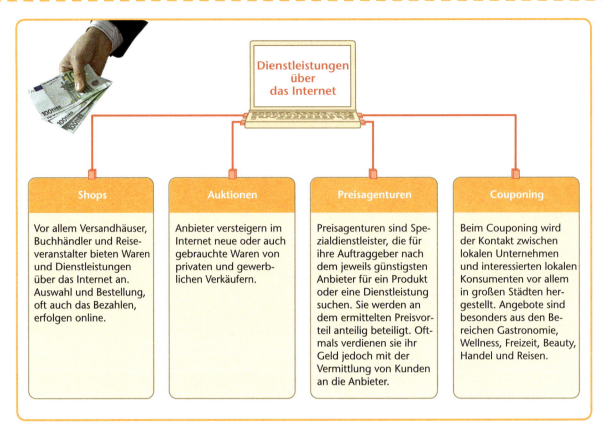

Vielfältige Formen der Internetnutzung

Internet: Chancen und Risiken

Das Internet hat in nahezu allen Lebensbereichen zu Veränderungen geführt. Im Internet können wir nach Informationen suchen, aber auch z. B. Einkäufe tätigen oder fernsehen. Bei der Suche helfen so genannte Suchmaschinen. Blitzschnell finden wir interessante Informationen und Bilder nicht nur zum Lösen der Hausaufgaben. Taschenrechner und Übersetzungsprogramme werden oft kostenlos bereitgestellt. Wir erhalten aktuelle Nachrichten, die sogar Berichte in Echtzeit bieten können. Mithilfe von Karten können wir nicht nur die nächste Klassenfahrt metergenau planen. Kalender geben einen Überblick über unsere Termine. Wir können auch Freunde in unseren Kalender sehen lassen und Termine mit ihnen abstimmen. Mithilfe des Smartphone geht das alles auch von unterwegs.

Nicht nur Kommunikation und Information, auch der Einkauf lässt sich inzwischen online erledigen. Die Internethändler sind für Kataloghandel und auch Einzelhandel eine starke Konkurrenz.

> Das Internet macht viele Prozesse einfacher und schneller. Die Entwicklung des Internet führte zu vielfältigen gesellschaftlichen und ökonomischen Veränderungen.

Doch nicht alle Menschen können die Vorteile des Internets in gleicher Weise nutzen. Wer über keine oder nur eine langsame Internetverbindung verfügt, ist benachteiligt. Entscheidend ist neben dem technischen Zugang zu den Informationen aber vor allem die Fähigkeit, sich diese nutzbar zu machen. Die Online-Recherche muss beherrscht werden. Dabei geht es einerseits darum zu wissen, wo man Informationen findet. Andererseits muss man auch einschätzen können, wie verlässlich die Quellen sind.

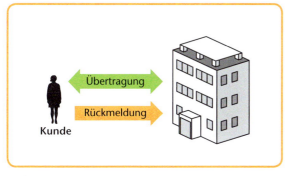
Web 1.0

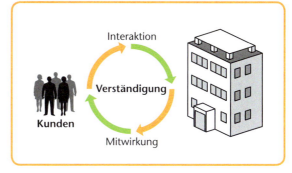
Web 2.0

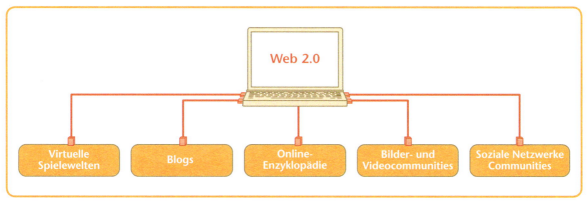
Angebotsformen des Web 2.0

Web 2.0

Viele Nutzer suchen im Internet nicht nur Informationen oder Dienstleistungen, sondern wollen sich mit Freunden oder Gleichgesinnten austauschen oder selbst neue Inhalte im Internet veröffentlichen. Benutzer können eigenständig Inhalte in Form von Profilen, Bookmarks, Fotos, Videos, Kommentaren und so weiter im Internet veröffentlichen und so anderen Nutzern zugänglich machen sowie mit anderen Nutzern kommunizieren.

> Die Nutzer im Web 2.0 konsumieren nicht nur, sondern gestalten es selbst mit.

Das Web 2.0 wird als ein Kommunikationsmedium für Gleichgesinnte angesehen. Aber auch das birgt Risiken. Das größte Risiko ist die Veröffentlichung von persönlichen Daten. Wer unvorsichtig mit Daten umgeht, verliert schnell die Kontrolle über Informationen und Fotos, die besser privat bleiben sollten. Viele Betrüger haben sich auf das Internet spezialisiert und versuchen, ihre Opfer per E-Mail oder mit Schadprogrammen hinter das Licht zu führen.

1 Gelegentlich wird vom Mitmachnetz Web 2.0 gesprochen, das bei Jugendlichen besonders beliebt ist. Bereitet eine Umfrage zum Nutzerverhalten in eurer Klasse oder Schule vor. Erfasst dabei, inwieweit E-Mail, Chat, Foren, Instant Messaging genutzt werden.

2 Dienstleister haben in Deutschland kein hohes Ansehen. Nenne Gründe, die für und gegen eine Ausbildung im Dienstleistungssektor sprechen. Stelle ein Berufsbild aus dieser Branche vor.

★ 3 Sascha behauptet: „Mit dem Web 2.0 ist das Internet demokratischer geworden." Diskutiert diese Auffassung pro und kontra.

11 Das kann ich!

Information und Kommunikation

A Hardware und Software

1 **Rechner**
Enthält die Systemeinheit (CPU), Festplatte (zur Speicherung von Programmen und Daten), Stromversorgung, Laufwerke und ggf. weitere Hardware

2 **Bildschirm**

3 **Tastatur**

4 **Maus**

5 **Drucker**

6 **Lautsprecher**

7 **Fotoapparat**

8 **CDs/DVDs**
zur Speicherung von Programmen und Daten

9 **USB-Stick**

10 **Mikrofon**

160

B Eingabe – Verarbeitung – Ausgabe (EVA)

C Telefonieren über das Internet

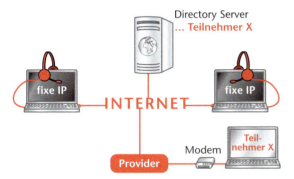

D Eingabe: Befehle, die nicht verarbeitet werden

Wichtige Begriffe

App	Prozessor
Hardware	Provider
Informations- und Kommunikationstechnik (IuK)	Smartphone
	SMS
	Software
Internet	Speicher

Wissen und erklären

1 Erklärt euch gegenseitig die wichtigen Begriffe.

2 Nenne die Elemente eines Smartphone, die zur Software und die, die zur Hardware zählen (A).

3 Beschreibe das EVA-Prinzip am Beispiel der Bedienung eines Handys.

Informationen beschaffen und auswerten

4 Erläutere das EVA-Prinzip (engl. *IPO* für *Input-Processing-Output*) als ein Grundprinzip der Datenverarbeitung am Beispiel eines Tablet-PC (B).

5 Recherchiert im Internet, was man unter VoIP versteht und wie wir in unserem Computerraum mit einfachsten Mitteln über das Internet telefonieren können (C). Stellt in einer Tabelle dar, was wir zum Telefonieren benötigen und welche Kosten (Anschaffungskosten und Betriebskosten) dabei voraussichtlich anfallen werden.

6 Bereite eine Präsentation zur Entstehung und Entwicklung des Internets vor. Beschreibe dabei vor allem die Auswirkungen auf den Alltag der Nutzer.

Beurteilen, entscheiden und handeln

7 Was will der Zeichner mit seiner Karikatur (D) ausdrücken? Gehe bei deiner Interpretation auf den Zusammenhang zwischen Eingabe und Verarbeitung ein.

8 Die Zahl von Online-Communitys ist stark gestiegen. Dabei unterschätzen viele Menschen die Risiken von sozialen Netzwerken. Stellt Argumente pro und kontra zusammen. Was meinst du?

Informations- und Kommunikationstechnik

11

Wir analysieren technische Systeme

Technische Gebilde werden oft auch als Systeme betrachtet. Systeme bestehen aus Elementen oder Einzelteilen, die in Beziehung zueinander stehen. Die Gesamtheit der Beziehungen bildet eine Einheit gegenüber der Umwelt. Bei einer Analyse wird das technische Gebilde in seine Bestandteile zerlegt. Diese werden anschließend geordnet, untersucht und ausgewertet.

Beispiel: Computer im Netz der Netze als System

Der Computer hierarchisch betrachtet:

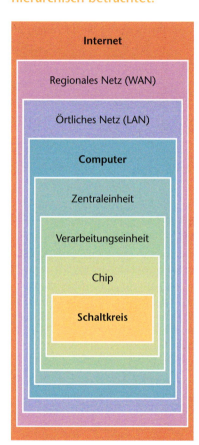

Grundfragen für eine Systemanalyse

1 Aus welchen Elementen oder Teilsystemen besteht das Gesamtsystem?

Zum Beispiel:
- Teilsysteme sind die Netze und der Computer
- System Computer mit den Elementen: Zentraleinheit, Verarbeitungseinheit, Chip, Schaltkreis, aber auch Eingabeeinheit (Tastatur) und Ausgabeeinheit (Bildschirm)

2 Welche Beziehungen bestehen zwischen den Systemen?

Zum Beispiel:
- Die Zentraleinheit besteht bei einem Computer im Wesentlichen aus den Komponenten der Hauptplatine (Mainboard oder Motherboard). Hierzu gehören:
    - Mikroprozessor (Central Processing Unit oder CPU)
    - Arbeitsspeicher (das Random Access Memory, kurz RAM)
    - ROM-Speicher (für Read-only Memory, also Nur-Lese-Speicher)
- Der Mikroprozessor ist das eigentliche Herzstück des Computers, das für die Ausführung der Programme sowie für die zentrale Steuerung und Verwaltung der Hardware zuständig ist.

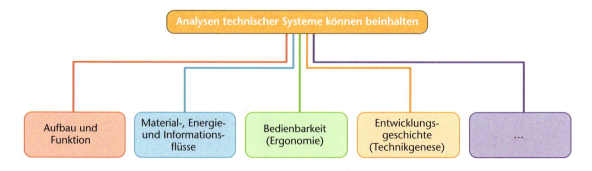

Elektronische Schaltungen entwickeln und analysieren

12

1 Projekt: Lichtempfindlicher Baustellenblinker

Situation

Eine Baustellenabsicherung soll helfen, Unfälle zu vermeiden Dazu ist es notwendig, die Verkehrsteilnehmer rechtzeitig und gut sichtbar auf die Baustelle aufmerksam zu machen. Dies kann durch Baustellenleuchten erreicht werden.

Das Problem

Wir entwickeln, bauen und erproben eine elektronische Schaltung, die das gelbe Warnlicht blinken lässt. Das Warnlicht soll sich darüber hinaus bei Dunkelheit selbsttätig einschalten und bei Helligkeit wieder ausschalten.

Wir suchen nach Lösungen

Auf einem Stück Weichholz von der Größe 100 mm x 100 mm befestigen wir auf einem Stück Papier als Hintergrund mit Heftzwecken ohne Plastikabdeckung Lötstützpunkte, um daran Drähte und Bauteile anlöten zu können. In den vier Ecken wird je eine Heftzwecke eingeschlagen. Für die +5 V-Versorgungsspannung und für die Masse (GND) wird je ein blanker Schaltdraht angelötet.

Die elektronische Schaltung für die Steuerung der Baustellenabsicherung entwickeln wir Schritt für Schritt.

1. Transistorschaltstufe

Für den Transistor werden drei Heftzwecken möglichst dicht aneinander eingeschlagen, der Transistor wird angelötet. Der Basisvorwiderstand (18 kΩ) wird von +5 V über eine Stützpunktheftzwecke mit der Basis des Transistors verbunden.
Für die gelbe LED werden zwei weitere Heftzwecken eingeschlagen. Mit dem langen Beinchen wird die LED an +5 V mit einem Schutzwiderstand (180 Ω) am Kollektor des Transistors angelötet.

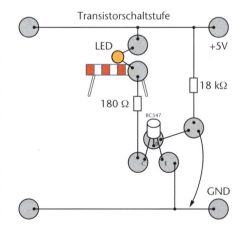

Beobachten und Erklären
1. Erkläre, was wir beobachten können. Gehe dabei besonders auf den Stromfluss und die Funktion des Transistors ein.
2. Beschreibe deine Beobachtungen, wenn du die Masse (GND) mit der Basis des Transistors verbindest.

2. LDR-Steuerung

Für den losen Draht zur Handsteuerung der LED wird nun der LDR eingesetzt. Er wird wie nebenstehend dargestellt am Lötstützpunkt für den Basisvorwiderstand und an Masse (GND) angelötet.

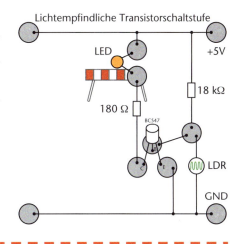

Beobachten und Erklären

1. Beschreibe, was wir beobachten können, wenn sich die Helligkeit in der Umgebung des LDR ändert.
2. Erkläre, warum die LED bei Helligkeit nicht leuchtet und zu leuchten beginnt, wenn es dunkel wird.

3. Helligkeitsempfindliches Blinklicht

Um den Schalttransistor, der die gelbe LED helligkeitsabhängig ein- bzw. ausschaltet, nun blinken zu lassen, benötigen wir eine zweite Transistorschaltstufe, die mit der ersten über zwei Kondensatoren gekoppelt werden muss.

Für den zweiten Transistor müssen noch einmal drei Heftzwecken eingeschlagen werden. Der Kollektor wird mit einem Lastwiderstand (1 kW) und die Basis mit einem Basisvorwiderstand (18 kW) an Plus angeschlossen. Für die Kopplung der beiden Transistorschaltstufen werden zwei Kondensatoren (100 µF) vom jeweiligen Kollektor zur Basis der anderen Stufe gelötet.

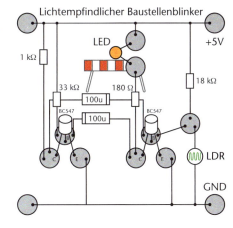

Beobachten und Erklären

1. Beschreibe, was wir beobachten können.
2. Erkläre, warum die Warnleuchte blinkt.

Für Experten

Die Größe des Kondensators bestimmt seine Aufladezeit. Damit wird durch die Größe des Kondensators auch die Umschaltzeit beeinflusst. Die Umschaltzeit wird noch von einem weiteren Bauelement beeinflusst. Welches ist das? Wie ist die Beziehung zwischen der Umschaltzeit und der Größe der beiden Bauelemente?

2 Projekt: Elektronischer Würfel

Die Situation

Beim Würfeln wird eine Zufallszahl aus dem Bereich zwischen 1 und 6 ermittelt. Wir wollen einen elektronischen Würfel zum Spielen herstellen und damit für eine Überraschung auf dem Schulfest sorgen.

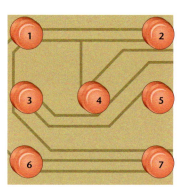

Das Problem

Wir entwickeln für einen elektronischen Würfel eine Schaltung, die zufällige Würfelergebnisse erzeugt und anzeigt.

Wir suchen nach Lösungen

Für die Bearbeitung der Aufgabe käme ein Mikrocontroller in Frage, der so programmiert wird, dass er auf Tastendruck einen Zufallsgenerator aktiviert und das Ergebnis auf einer 7-Segmentanzeige oder mit sieben LED anzeigt. Denkbar wäre auch ein Frequenzgenerator, der einen Zähler speist und nach dem Loslassen der Starttaste das Ergebnis anzeigt.

Die elektronische Schaltung für die Steuerung des elektronischen Würfels entwickeln wir schrittweise.

1. Anzeige der Ergebnisse mit sieben LED

Um mit sieben LED die sechs Bilder für die Würfelergebnisse zu erzeugen, versuchen wir eine erste Zuordnung wie in der Tabelle rechts.

Wir sehen, dass LED 1 und LED 7 für die gleichen Würfelbilder aktiviert werden müssen. Das gleiche gilt für LED 2 und LED 6 und für LED 3 und LED 5. Man kann sie also parallel oder, wenn die Spannung reicht, auch in Reihe schalten. Es verbleiben daher drei LED-Paare und die einzelne LED 4, die angesteuert werden müssen.

Deutlich wird auch, dass LED 4 immer bei ungeraden Würfelbildern aktiviert wird. Die Kombination aus LED 3 und LED 5 wird ausschließlich beim Würfelbild „6" aktiviert.

LED Nummer	aktive LED	genutzt in den Würfelbildern
1	●	2, 3, 4, 5, 6
2	●	4, 5, 6
3	●	6
4	●	1, 3, 5
5	●	6
6	●	4, 5, 6
7	●	2, 3, 4, 5, 6

Wenn wir die LEDs so auf einem Steckbrett anordnen, dass sich das Bild eines Würfels ergibt, dann müsste das etwa so aussehen wie in der Abbildung rechts. Die Plusanschlüsse der Gruppen sind die roten nummerierten Leitungen.

Gruppe 1: LED 4

Gruppe 2: LED 1 und LED 7

Gruppe 3: LED 2 und LED 6

Gruppe 4: LED 3 und LED 5

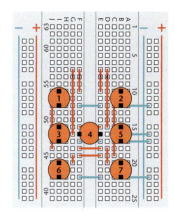

So gehen wir vor

2. Erzeugen von zufälligen Würfelergebnissen – ein Zähler erfasst die Anzahl der Impulse

Für die Erzeugung von zufälligen Würfelergebnissen soll ein vierstufiger Zähler verwendet werden. Der Eingang des Zählers ist der Pin 14. Der Ausgang der ersten Zählstufe (Pin A) wird mit dem Eingang der Zählstufen 2-4 (Pin 1) verbunden. Die Ausgänge aller Stufen sind die Pins A-D. Das Zurücksetzen des Zählers geschieht durch die Verbindung der Zählerausgänge A und D mit den Pins 6 und 7.

Die zufällige Anzahl der Impulse wird mit einem Vibrationssensor (VS) erzeugt, indem ein kleines Kügelchen für eine zufällige Anzahl von Schaltkontakten sorgt.

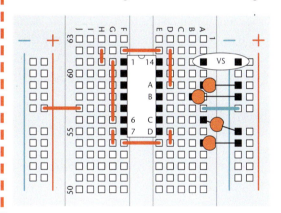

Ein leichtes Klopfen auf das Steckbrett genügt, um das Zählergebnis zu verändern. Durch das Zurücksetzen des Zählers bei 9 kann man an den provisorisch eingesetzten LED die Zahlen von 0 – 8 am Zählerausgang ablesen. Da ein elektronischer Zähler nur den Rücksprung auf 0 kennt, kann man das Würfelergebnis „0" nicht vermeiden. Beim Spiel könnte man dieses Würfelergebnis als „Kippe" oder „vom Tisch gefallen" werten.

Beobachten und Erklären
- Baue die Schaltung, wie oben dargestellt, auf und beobachte das Verhalten der LED bei leichtem Klopfen auf das Steckbrett.
- Beobachte und notiere die beim Klopfen auftretenden Zählergebnisse und begründe, warum nur Zählergebnisse unter 8 auftreten.

So gehen wir vor

3. Logische Verknüpfung erstellen – der Zählerstand aktiviert ein Würfelmuster

Der Zähler gibt auf seinen vier Ausgangsleitungen das Zählergebnis in dualer Form aus. Die vier Ausgangsleitungen sollen die LED Gruppen der Anzeige steuern.

- Die LED-Gruppe 1 der Anzeige wird über die Diode D1 von der Ausgangsleitung A (2^0) angesteuert.
- Die LED Gruppe 2 der Anzeige wird über die Diode D2 von der Ausgangsleitung B (2^1) **oder** über die Diode D3 der Ausgangsleitung C (2^2) **oder** über die Diode D4 der Ausgangsleitung D (2^3) angesteuert.
- Die LED-Gruppe 3 der Anzeige wird über die Diode D5 von der Ausgangsleitung C (2^2) **oder** über die Diode D6 der Ausgangsleitung D (2^3) angesteuert.
- Die LED-Gruppe 4 der Anzeige wird über die Diode D7 von der Ausgangsleitung D (2^3) angesteuert.

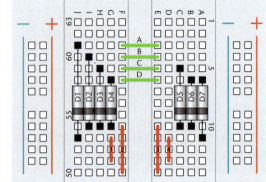

Wir testen die Beschaltung der Zählerausgänge durch die Dioden:
Hierzu wird die Schaltung, wie unten dargestellt, durch vier Anzeigeleuchtdioden ergänzt. Wird z. B. Eingang B mit +5 V verbunden, dann leuchtet die LED am Ausgang 2. Sie leuchtet aber auch, wenn man den Eingang C mit +5 V verbindet oder bei der Aktivierung von Eingang D. Das ist das typische Verhalten einer ODER-Verknüpfung.

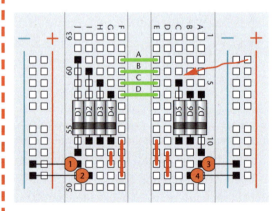

Beobachten und Erklären

1. Baue die obige Schaltung auf einem Steckbrett auf. Verbinde die grünen Eingänge A–D der Reihe nach und/oder gleichzeitig mit einem Draht oder mehreren Drähten mit +5 V.
2. Beschreibe und begründe deine Beobachtungen.

4. Wir erproben den fertigen Würfel

Wenn du die vollständige Schaltung aufgebaut hast, ist das Ziel erreicht. Du hast in drei Schritten eine Würfelschaltung entwickelt, die zufällige Würfelergebnisse liefert und darstellt.

Zunächst hast du im unteren Teil der Schaltung aus sieben LED ein Würfelbild erstellt, dessen Gruppen über die Leitungen 1 – 4 aktivierbar sind.

Dann hast du im oberen Teil der Schaltung den Zähler entwickelt, der auf den Leitungen A – D zufällige Zählergebnisse liefert.

Schließlich hast du im mittleren Teil der Schaltung mit Dioden eine logische Schaltung entwickelt, mit der aus den zufälligen Zählerständen Würfelbilder erzeugt werden.

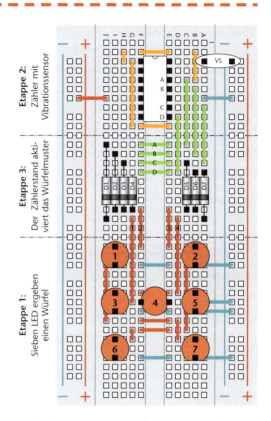

Für Experten

Da ein elektronischer Zähler nur den Rücksprung auf „0" kennt, kann man das Würfelergebnis „0" nicht vermeiden.

Überlege einen Vorschlag, wie man mit diesem Zählergebnis umgehen soll.

3 Projekt: Linienfolger

Situation

Hat der Kistenschlepper bald ausgedient? Es ist nur noch eine Frage der Zeit, bis Robert durch Robot ersetzt wird. Viele Jahre produzierte der Boom in Logistik und Lagerwesen zuverlässig neue Jobs. Der Lagerarbeiter, der mit dem Hubwagen durch Lagergänge fährt, ist jedoch ein Auslaufmodell. Die Zukunft gehört dem Lagerroboter, der Waren oder gleich ganze Regale bewegt.

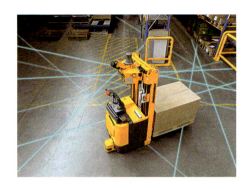

Unser Problem

Wir wollen ein Fahrzeug bauen und erproben, das sich selbsttätig an einer Wegmarkierung entlang bewegt.

Wir suchen nach Lösungen

- Damit das Fahrzeug lenkbar wird, müssen die beiden Antriebe bestehend aus Getriebemotor und Antriebsrad in ihrer Fahrgeschwindigkeit einstellbar sein.
- Die Fahrwegerkennung, bestehend aus einer Lichtquelle und einem Lichtsensor, sollte den schwarzen Klebestreifen auf dem weißen Karton als Fahrwegmarkierung erkennen.

So gehen wir vor

Für die **Beleuchtung** des Fahrweges benötigen wir je eine weiße LED (Ø 3 mm) mit Vorwiderstand (180 Ω).

Damit der Betriebsstrom nicht überschritten wird, benötigen wir einen Vorwiderstand. Dieser wird wie folgt berechnet:

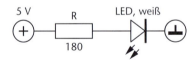

$$R_{Vor} = \frac{U_{Batt} - U_{LED}}{I_{Betr.}} = \frac{5V - 3V}{0,01\ A} = 200\,\Omega \approx 180\,\Omega$$

Für das Erkennen des **Fahrweges** soll eine Reihenschaltung aus je einem LDR mit Widerstand (390 Ω) dienen.

Im Hellen liegt der Widerstand des LDR im Bereich von 1 kΩ und im Dunkeln im Bereich von etwa 40 kΩ. Um den lichtabhängigen Strom durch den LDR in eine Spannung zur Steuerung des Motors umzuwandeln, schalten wir ihn in Reihe mit einem Widerstand von 390 Ω.

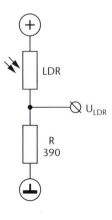

Für das Einstellen der **Fahrgeschwindigkeit** nutzen wir je einen Transistor, der mit einem Widerstand (4,7 Ω) an die Fahrwegerkennung angekoppelt wird.

Ein Transistor ist hier ein Stromverstärker. Die Stromverstärkung ist vom Transistortyp abhängig.

Wenn wir im Betrieb die Spannung U des Motors messen, stellen wir fest, dass im Stillstand über dem Transistor eine Spannung anliegt, die fast der Versorgungsspannung entspricht. Wenn sich der LDR über dem hellen Untergrund befindet, sinkt die Spannung auf die für Transistoren typischen 0,7 V.

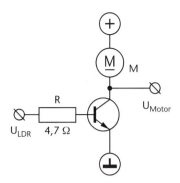

Was können wir beobachten und erklären?

Unser Prototyp

- **Fahrt im freien Gelände:** Bestimme die Abweichung des Fahrzeugs vom geraden Weg.
- **Geradeausfahrt auf der Fahrwegmarkierung**: Beobachte und beschreibe die Bewegung des Fahrzeugs auf der Fahrwegmarkierung.
- **Kurvenfahrt auf der Fahrwegmarkierung:** Beobachte und beschreibe die Bewegung des Fahrzeugs auf der Fahrwegmarkierung.
- Ändere vorsichtig den Winkel zwischen LED und LDR; beobachte und beschreibe die Bewegung des Fahrzeugs bei verschiedenen Winkeln.

Für Experten

1. Welche Folgen hat es, wenn bei der Fahrwegerkennung im Spannungsteiler LDR und Vorwiderstand vertauscht werden?
2. Wie verhält sich das Fahrzeug, wenn man die Drehrichtung beider Motoren umkehrt?
3. Untersuche durch Ausprobieren verschiedene Möglichkeiten, um eine Fahrwegmarkierung für eine Abzweigung zu gestalten.

M Fehlersuche in elektronischen Schaltungen

Bei einer Fehlersuche können helfen: aufmerksame Augen und technisches Verständnis, der Schaltplan, eine Funktionsbeschreibung mit den Kenndaten der Bauteile, Durchgangsprüfer, Multimeter und ggf. Oszilloskop.

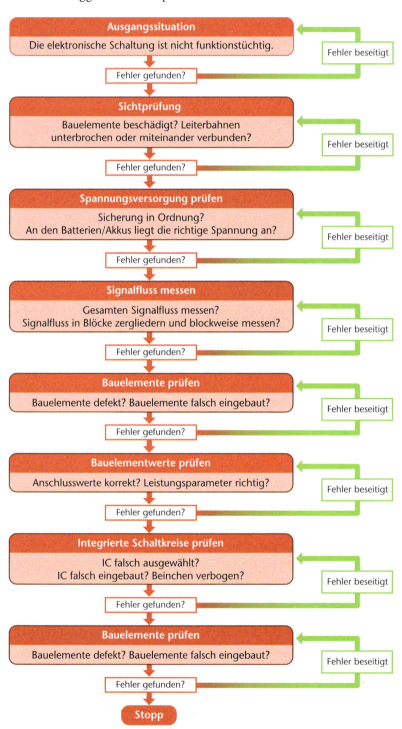

Glossar

Algorithmus (S. 144)
Der Algorithmus ist eine Folge von Anweisungen, mit denen Schritt für Schritt der Weg zur Lösung einer Aufgabe vorgegeben wird.

Anreißen (S. 37)
Beim Anreißen werden die Maße und Formen für den Arbeitsgegenstand aus der Skizze auf das Werkstück übertragen.

Ansicht (S. 24, 26, 32)
Ansichten werden in technischen Zeichnungen benutzt, um Arbeitsgegenstände aus verschiedenen Betrachtungsrichtungen darzustellen. Solche Ansichten sind zum Beispiel: Vorderansicht, Seitenansicht und Draufsicht.

Arbeit (S. 65, 66)
Arbeit ist mechanisch übertragene Energie. Man spricht auch von Energie als gespeicherter Arbeit bzw. Energie als der Fähigkeit, Arbeit zu verrichten.

Arbeitsablaufplanung (S. 29)
Arbeit muss geplant und vorbereitet werden. In einem Arbeitsablaufplan werden die zur Herstellung eines Werkstücks notwendigen Arbeitsschritte und die dazu notwendigen Werkzeuge in einer Tabelle übersichtlich dargestellt.

Arbeitsbewertung (S. 34, 62)
Die Arbeitsbewertung dient dazu, die Qualität des Arbeitsergebnisses und des Arbeitsprozesses einzuschätzen. Typische Kriterien der Bewertung sind Maßhaltigkeit und Winkligkeit, aber auch Teamfähigkeit.

Arbeitsgegenstand (S. 18)
Der Arbeitsgegenstand ist das Werkstück, das unter Verwendung der Arbeitsmittel be- oder verarbeitet wird. Der Arbeitsgegenstand wird oft auch als Arbeitsprodukt oder Arbeitsergebnis bezeichnet.

Arbeitskleidung (S. 9)
Bei der Arbeit im Technikraum kann unsere Freizeitkleidung durch Staub und Späne verschmutzt werden. Deshalb muss eine Arbeitsschürze getragen werden. Darüber hinaus soll eng anliegende Kleidung und festes Schuhwerk vor Verletzungen schützen. Bei der Arbeit an der Bohrmaschine gehört auch eine Kopfbedeckung zur Arbeitskleidung.

Arbeitsmittel (S. 8)
Arbeitsmittel sind beispielsweise Werkzeuge, Maschinen und Hilfsmittel. Mit ihnen wird auf den Arbeitsgegenstand eingewirkt, um ihn zu verändern.

Arbeitsplatz (S. 8, 10, 12)
Der Arbeitsplatz ist der Ort, an dem Menschen arbeiten. Auch im Technikraum oder in der Schulküche gibt es Arbeitsplätze. Jeder ist für die Ordnung und Sicherheit an seinem Arbeitsplatz verantwortlich.

ASCII (S. 143)
Der erweiterte ASCII-Zeichenvorrat (ASCII = *A*merican *S*tandard *C*ode for *I*nformation *I*nterchange) umfasst 128 Zeichen einschließlich Groß- und Kleinbuchstaben, die bei der Datenübertragung, zwischen der Eingabetastatur und einem Computer, genutzt werden. Es handelt sich um eine aus sieben Bits bestehende Codierung für alphanumerische Zeichen sowie Satz- und Sonderzeichen.

Atomausstieg (S. 99)
Atomausstieg ist eine politische Entscheidung, auf die Erzeugung von Atomenergie beziehungsweise den Verbrauch von Atomstrom zu verzichten.

Ausschaltung (S. 109)
Eine Ausschaltung ist die einfachste Form einer elektrischen Schaltung. Sie wird verwendet, wenn von einer Schaltstelle aus ein elektrisches Betriebsmittel, zum Beispiel eine Lampe, ein- bzw. ausgeschaltet werden soll. Die stromführende Ader wird über den Ausschalter einfach unterbrochen bzw. ein- und ausgeschaltet.

Automatisierung (S. 67)
Automatisierung ist eine typische Technisierungsstufe. Automatisierung ist die Übertragung der Arbeit von Menschen auf Automaten, die diese weitgehend selbstständig ausführen (das griechische Wort „autos" bedeutet so viel wie „selbst").

Bauelemente (S. 132–139)
Elektrische oder elektronische Bauelemente sind in der Elektrotechnik oder Elektronik die kleinsten grundlegenden, aber als Einheit zu betrachtenden Bestandteile einer Schaltung. Passive Bauelemente sind z. B. Widerstände und Kondensatoren. Aktive Bauelemente zeigen eine Verstärkerwirkung oder besitzen eine Steuerungsfunktion (z. B. Dioden, Transistoren).

Bemaßungselemente (S. 25)
Um die Maße in einer Zeichnung eindeutig einzutragen, müssen für eine vollständige Bemaßung folgende Elemente dargestellt werden: Maßlinie, Maßhilfslinie, Maßlinienbegrenzung und Maßzahl.

Berufsbild (S. 123)
In einem Berufsbild werden die spezifischen Merkmale eines Berufs beschrieben, durch die er sich von anderen Berufen abgrenzt. Solche Merkmale sind beispielsweise die Zugangsbedingungen, die auszuführenden Tätigkeiten, die dazu notwendigen Arbeitsmittel und die Umgebungseinflüsse.

Beschichten (S. 38, 48, 49)
Beschichtungsverfahren sind Fertigungsverfahren, bei denen die Oberfläche eines Werkstücks durch das Aufbringen einer fest haftenden Schicht geändert wird. Beschichtungsverfahren können dem Schutz vor Umwelteinflüssen oder dem besseren Aussehen dienen. Typische Beschichtungsverfahren sind Anstreichen, Lackieren oder Beizen.

Glossar

Betriebsdauer (S. 108)
Betriebsdauer ist die Zeitdauer, in der ein elektrisches Gerät arbeitet.

Betriebsmittel (S. 108)
Elektrische Betriebsmittel sind alle technischen Gegenstände, die dem Anwenden elektrischer Energie dienen, wie Lampen, Sicherungen, Schalter.

Bezugskante (S. 37)
Die Bezugskante ist eine gerade Kante, von der aus zahlreiche notwendige Maße auf das Werkstück übertragen werden.

Biomasse (S. 68, 98)
Als „Biomasse" werden Stoffe bezeichnet, die zur Gewinnung von Heizenergie, von elektrischer Energie und als Kraftstoffe verwendet werden können.

Bit (S. 142, 143)
Bit (engl. = *Binary Digit*) bedeutet: Binärziffer. Bei der elektronischen Datenverarbeitung handelt es sich um die kleinste Informationseinheit mit den beiden Zuständen „1" oder „0".

Blockheizkraftwerk (S. 84)
Ein Blockheizkraftwerk ist eine Anlage zur Gewinnung von elektrischer Energie und Wärme. Sie setzt dazu das Prinzip der Kraft-Wärme-Kopplung ein.

Brauchwasser (S. 84)
Brauchwasser (auch „Betriebswasser" genannt) ist anders als Trinkwasser nicht für den menschlichen Genuss vorgesehen. Es wird beispielsweise für die Toilettenspülung oder zum Duschen benutzt.

Bruttowertschöpfung (S. 124)
Die Bruttowertschöpfung ist eine volkswirtschaftliche Kennzahl. Sie ergibt sich aus dem Gesamtwert der im Produktionsprozess erzeugten Waren und Dienstleistungen abzüglich des Werts der Vorleistungen.

Byte (S. 142, 143)
Ein Byte ist eine zusammengehörige Folge aus acht Bits (▶ Bit). Für die Kodierung von Zeichen, Ziffern oder Buchstaben wird in der elektronischen Datenverarbeitung je ein Byte verwendet.

Codierung (S. 131, 142, 143)
Bei der Codierung werden Nachrichten oder Befehle verschlüsselt. Ein Code ist dabei die Vorschrift, wie Nachrichten oder Befehle zur Übersetzung umgewandelt werden. Eine codierte Nachricht kann beispielsweise aus Daten oder einer Reihe von Ziffern, Zeichen oder Buchstaben bestehen.

Dampfturbine (S. 95, 104)
Eine Dampfturbine wandelt chemisch gespeicherte Energie in mechanische um, man spricht auch von einer „Wärmekraftmaschine".

Daten (S. 155, 157)
Daten sind in der digitalen Datenverarbeitung Zeichen, die Informationen nach bekannten Vereinbarungen darstellen.

Diagramm
▶ Schaubild

digital (S. 131)
„Digital" bedeutet die Darstellung einer Information in Ziffern (0 oder 1).

Digitaltechnik (S. 142)
Digitaltechnik arbeitet mit diskreten Signalen. Diese Signale werden künstlich erzeugt und haben meist nur einen geringen Wertevorrat, in aller Regel von zwei Werten. Diese Werte sind meist 1 und 0 oder H und L.

Elektronik (S. 132, 133, 135)
Sie beschäftigt sich mit den Vorgängen in Mess- Steuer-, Regel- und Verstärkerschaltungen und den hierbei verwendeten Bauelementen. Oft wird sie auch als die Lehre von der Steuerung der Elektronen verstanden.

Endenergie (S. 75, 83)
Endenergie ist diejenige Energie, die beim Endverbraucher ankommt. Mithilfe geeigneter Geräte und Maschinen wird beim Nutzer die Sekundärenergie in Endenergie umgewandelt.

Energie
Energie ist die Fähigkeit, Arbeit zu verrichten. Die Gesamtenergie eines abgeschlossenen Systems kann weder vermehrt noch vermindert werden (Energieerhaltungssatz).

Energiebilanz (S. 82, 83, 87, 99)
Energiebilanzen stellen den Energieverbrauch zur Gewinnung und Bereitstellung der Nutzenergie dar. Sie bilden die Grundlage für einen sparsamen Umgang mit Energie und erlauben es, Energieverluste aufzufinden und Vermeidungsmöglichkeiten zu ermitteln.

Energieformen (S. 68, 94)
Energie kann in verschiedenen Energieformen vorkommen. Hierzu gehören beispielsweise potenzielle Energie (Energie der Lage), kinetische Energie (Energie der Bewegung), chemische Energie (Reaktionswärme) oder thermische Energie (Wärmeenergie). Energie lässt sich von einer in eine andere Form umwandeln.

Energiemix (S. 90)
Als „Energiemix" („Strommix") wird die Verwendung verschiedener Primärenergieformen zur Energieversorgung bezeichnet. Zurzeit basiert die Stromversorgung in Deutschland in erster Linie auf fossilen Energieträgern. Der Anteil der regenerativen Energien ist zunehmend.

Energiepolitik (S. 85)
Durch Energiepolitik versuchen der Staat und Parteien, auf Entscheidungen über die Struktur und Entwicklung der Bereitstellung, Verteilung und Verwendung von Energie Einfluss zu nehmen.

Glossar

Energiewirtschaft (S. 84)
Die Energiewirtschaft umfasst vorrangig die Energieversorgungsunternehmen. Das sind Unternehmen, die elektrische Energie erzeugen oder über das öffentliche Stromnetz verteilen, aber auch jene, die Abnehmer mit Erdöl, Erdgas, Kohle oder Fernwärme beliefern.

Erdwärme (S. 100)
Erdwärme zählt zu den regenerativen Energien. Sie umfasst die in der Erde gespeicherte Energie, soweit sie genutzt werden kann. Erdwärmequellen sind z.B. Thermalwasser- oder Wasserdampffelder (Geysire).

Experiment (S. 116)
Bei einem Experiment (von lateinisch: *experimentum* = Versuch, Beweis) wird mithilfe einer Versuchsanordnung ein Gegenstand oder ein Prozess mit dem Ziel untersucht, Informationen zu gewinnen.

Fertigungsverfahren (S. 38, 39)
Als „Fertigungsverfahren" bezeichnet man in der Technik alle Prozesse der Produktion, bei denen Produkte geschaffen werden. Fertigungsverfahren werden zu Hauptgruppen zusammengefasst. Hauptgruppen sind beispielsweise Trennen, Umformen, Beschichten.

fossile Energie (S. 68, 102)
Fossile Energie wird aus fossilen Brennstoffen gewonnen, die wie Braunkohle, Steinkohle, Torf, Erdgas und Erdöl vor Millionen von Jahren aus Abbauprodukten von toten Pflanzen und Tieren entstanden sind. Ihr Vorkommen ist begrenzt und ihre Nutzung als Energieträger verstärkt den Treibhauseffekt.

Fotovoltaik (S. 84, 102, 103)
In Fotovoltaikanlagen wird die Lichtenergie der Sonne direkt in Elektroenergie umgewandelt. Das zentrale Bauteil einer Fotovoltaikanlage ist die Solarzelle.

Fügen (S. 38, 46, 47)
Fügeverfahren sind Fertigungsverfahren, bei denen zwei oder mehrere Werkstücke miteinander verbunden werden. Typische Fügeverfahren sind Verschrauben, Schweißen, Löten, Kleben, Nieten.

Gebrauchseigenschaften (S. 46)
Produkte und auch die Werkstoffe, aus denen sie bestehen, haben vielfältige Eigenschaften. Gebrauchseigenschaften sind vor allem aus der Sicht des Nutzers wichtig. Typische Gebrauchseigenschaften sind Lebensdauer, Handhabbarkeit, Design.

Generator (S. 94–97)
Ein elektrischer Generator ist eine Maschine, die mechanische Energie in elektrische Energie wandelt. Das Gegenstück dazu ist der Elektromotor, der umgekehrt elektrische Energie in Bewegungsenergie wandelt. Der Generator ist mit einem mechanischen Antrieb, der
▶ Turbine gekoppelt

Geothermie
▶ Erdwärme

Halbleiter (S. 138, 140)
Halbleiter sind Festkörper, die hinsichtlich ihrer elektrischen Leitfähigkeit zwischen Leiter und Nichtleiter liegen. Die Leitfähigkeit eines Halbleiters verändert sich mit seiner Temperatur oder mit der Intensität des einstrahlenden Lichts. Halbleiter haben für die Elektronik eine besondere Bedeutung, weil aus ihnen aktive elektronische Bauelemente produziert werden.

Hantieren (S. 67)
Hantieren ist eine typische Technisierungsstufe. Die Arbeiten werden vor allem mit der Hand ausgeführt. Die zur Arbeit notwendige Energie müssen vor allem die arbeitenden Menschen selbst aufbringen.

Hardware (S. 160, 161, 162)
Das englische Wort *hardware* bedeutet „Eisenwaren" und wird heute im englischsprachigen Raum nach wie vor in diesem Sinne verwendet. Mit *computer hardware* wird die mechanische und elektronische Ausrüstung eines Computers bezeichnet.

Hilfsstoffe (S. 8)
Hilfsstoffe sind Werkstoffe, die in geringen Mengen zur Herstellung eines Produktes benötigt werden. Typische Hilfsstoffe sind Leim, Schrauben und Beize.

Induktion (Generatorprinzip) (S. 95)
Durch die Bewegung eines Leiters in einem Magnetfeld wird eine Spannung erzeugt (induziert). Dieses Prinzip wird auch in einem Generator angewendet, bei dem durch das Drehen eines Rotors in einem Magnetfeld eine Wechselspannung erzeugt wird.

Information (S. 72, 75, 77, 80, 81, 116)
Informationen sind Mitteilungen, die von einem Sender mittels eines Informationsüberträgers zu einem Empfänger transportiert werden. Bei der Übertragung von Informationen müssen Sender und Empfänger über den gleichen Zeichensatz verfügen, um die Information verstehen zu können.

Informationen (S. 128, 129, 130)
Sie werden von einem Sender einem Empfänger mithilfe eines bestimmten Mediums (oder auch Informationskanal genannt) übermittelt. Eine Information besteht aus einer bestimmten Anzahl sinnvoll nach Regeln zusammengesetzter Zeichen oder Daten, die in ihrer Gesamtheit eine Informationseinheit bilden. Die kleinste Informationseinheit in der Datenverarbeitung ist das Bit (▶ Bit): elektrischer Schaltzustand „Ein" oder „Aus".

integrierter Schaltkreis (S. 134, 138)
In integrierten Schaltkreisen sind mehrere gleichartige oder unterschiedliche Bauelemente zu einer komplexen Funktionseinheit zusammengefasst (integriert). Dagegen wird ein Bauelement, welches nur aus einer einzigen Funktionseinheit besteht, als „diskret" bezeichnet. Durch die sehr starke Miniaturisierung der elektronischen Geräte (Handy, I-Pad …) müssen immer mehr Funktionen in einen Schaltkreis integriert werden.

Glossar

Internet (S. 157, 158, 159)
Durch einheitliche Standards für die Kopplung und Datenübertragung von Computern können große Netze betrieben werden. Das Internet ist ein weltumspannendes Netz mit verschiedenen Diensten. Zu den bekannten Diensten gehören E-Mail, das world wide web und Chat.

Kernenergie (S. 90, 99)
Als „Kernenergie" (auch Atomenergie, Atomkraft, Kernkraft oder Nuklearenergie) wird die Technologie zur großtechnischen Erzeugung von Sekundärenergie wie elektrischem Strom mittels Kernreaktionen bezeichnet.

Kernreaktor (S. 99)
Ein Kernreaktor ist eine wichtige Anlage in Kernkraftwerken. In einem Kernreaktor läuft die Kernspaltung technisch geordnet ab.

Kollektor (S. 84, 101, 102)
Ein Kollektor ist ein Sammler. Es ist eine Vorrichtung, die die im Sonnenlicht enthaltene Energie in sich aufnimmt (absorbiert).

Kommunikation (S. 128, 157)
Kommunikation ist der Austausch oder die Übertragung von Informationen. Mit „Austausch" ist ein gegenseitiges Geben und Nehmen gemeint. „Information" ist in diesem Zusammenhang eine zusammenfassende Bezeichnung für Wissen und Erkenntnis oder Erfahrung.

Kraftwerk (S. 94, 95)
Ein Kraftwerk ist eine technische Anlage, die durch Energieumwandlung Elektroenergie und/oder Wärme liefert.

Kurzschluss (S. 76)
Ein Kurzschluss ist eine unzulässige Verbindung zweier Leiter, zwischen denen im Betriebszustand eine Spannung anliegt.

Leistung (S. 76, 77, 79, 80, 86, 103, 110, 113, 115)
Die elektrische Leistung wird als elektrische Energie pro Zeit bezogen oder geliefert. Sie wird in Kilowattstunden (kWh) gemessen.

logische Schaltung (S. 142)
Mithilfe von logischen Schaltungen werden in digitalen Systemen Signale logisch verknüpft. Daher nennt man diese Schaltungen auch „logische Verknüpfungsschaltungen". Der Name „logische Schaltung" beruht darauf, dass bei diesen Schaltungen zwischen Ausgangssignalen und Eingangssignalen ein Zusammenhang besteht, der durch logische Begriffe wie „NICHT", „UND", „ODER" bestimmt wird.

Maschinen (S. 8, 9)
Maschinen erleichtern den Menschen die Arbeit. Im Technikraum werden vor allem Maschinen genutzt, die elektrische Energie in mechanische Energie umwandeln. Eine typische Maschine ist die Ständerbohrmaschine.

Materialplanung (S. 28, 29, 34)
Bevor ein Arbeitsgegenstand hergestellt werden kann, muss festgelegt werden, aus welchen Werkstoffen und Materialien er gefertigt werden soll. Geplant werden müssen Art und Menge des Materials.

Mechanisieren (S. 67, 71)
Mechanisieren ist eine typische Technisierungsstufe. Die Arbeiten werden vor allem von Maschinen ausgeführt, die auch die Antriebsenergie aufbringen.

Messen (S. 36)
Beim Messen werden physikalische Größen (z. B. Länge in mm) ermittelt. Dazu benötigt man Messwerkzeuge.

Mikroprozessor (S. 143, 144, 162)
Ein Mikroprozessor ist eine sehr komplexe elektronische Schaltung, die durch Befehle andere elektrische Schaltungen oder Maschinen steuert und dabei einen Prozess oder ▶ Algorithmus vorantreibt. Bei einem Mikroprozessor sind alle Bauelemente und Funktionseinheiten des Mikroprozessors auf einem Chip (integrierter Schaltkreis, IC) untergebracht.

Mindmap (S. 34)
Die Mindmap-Methode ist eine Methode zur Ordnung von Ideen. Dabei geht es besonders darum, Oberbegriffe zu finden, unter denen sich die bei der Stoffsammlung entstandenen Ideen zusammenfassen lassen.

Mittellinie (S. 50)
Alle symmetrischen Formen werden mit einer Mittellinie gekennzeichnet. Zu den symmetrischen Formen gehören vor allem auch Bohrungen.

Normen (S. 23)
Normen sind einheitliche Vorgaben für Gegenstände oder Abläufe. Die Abkürzung „DIN" steht für Deutsche Industrienorm. Besonders beim technischen Zeichnen müssen zahlreiche Normen eingehalten werden. Normen gewährleisten, dass die Zeichnungen richtig gelesen werden können.

Nutzenergie (S. 69, 71, 75, 82, 83)
Die Nutzenergieformen sind alle Energieformen, die dem Endnutzer für seine Bedürfnisse zur Verfügung stehen. Nutzenergieformen sind Licht für die Beleuchtung, Schall zum Musikhören, Heizungswärme und Bewegungsenergie.

Ökoenergie
Mit dem Begriff „Ökoenergie" (auch „Ökostrom") wird umgangssprachlich jene elektrische Energie bezeichnet, die auf ökologisch vertretbare Weise aus erneuerbaren Energiequellen hergestellt wird.

Primärenergie (S. 68, 69, 82, 83, 90, 94)
Primärenergie wird von Primärenergieträgern gespeichert, die in der Natur vorkommen. Dazu zählen Kohle, Erdöl, Torf, Uran, Erdgas und Erdwärme, aber auch die Sonnenstrahlung, der Wind und fließendes Wasser.

Glossar

Primärenergieträger (S. 84, 90, 93)
Hierzu zählen fossile (Erdöl, Kohle) und regenerative Energieträger (Windkraft, Wasserkraft).

Produkt (S. 18, 38, 52)
Ein fertig hergestellter Arbeitsgegenstand ist ein Produkt. Er ist das Ergebnis menschlicher Arbeit.

Prognose (S. 93)
Die Prognose ist eine Voraussage, also eine Aussage über Ereignisse oder Entwicklungen in der Zukunft.

Programm (S. 146, 156)
Ein Programm ist eine Folge von Anweisungen, die auf der Grundlage einer bestimmten Programmiersprache erstellt wurde.

Programmablaufplan (PAP) (S. 145)
In ihm werden ▶ Algorithmen grafisch in verschiedenen Elementen dargestellt. PAPs werden zur Planung und Veranschaulichung von technischen Prozessen genutzt (z. B. bei der Steuerung einer Ampelanlage).

Prüfen (S. 36, 37)
Beim Prüfen wird festgestellt, ob ein Arbeitsgegenstand die an ihn gestellten Forderungen erfüllt. Geprüft wird beispielsweise die Winkligkeit eines Werkstücks.

Regenerationsrate
Die Regenerationsrate misst die Geschwindigkeit und das Ausmaß der Wiederherstellung des Gleichgewichts in einem System.

regenerative Energien (S. 68)
Regenerative Energien, auch als „erneuerbare" oder „alternative" Energien bezeichnet, sind praktisch unerschöpflich bzw. können sich verhältnismäßig schnell „erneuern", wie Wasserkraft, Windenergie, solare Strahlung, Erdwärme und nachwachsende Rohstoffe.

Ressourcen (S. 90, 92)
Ressourcen sind alle Hilfsmittel, die der Mensch zum Wirtschaften braucht, vor allem Rohstoffe und Energieträger.

Rotor (S. 94–96)
Ein Rotor ist der sich drehende (rotierende) Teil einer Maschine, zum Beispiel eines Elektromotors. Insbesondere wird von einem Rotor gesprochen, wenn es auch einen Stator (den feststehenden Teil) gibt.

Schaltplan (S. 132, 134, 135–137, 150)
Ein Schaltplan ist eine in der Elektronik gebräuchliche grafische Darstellung einer elektronischen Schaltung. Sie berücksichtigt nicht die reale Gestalt und Anordnung der Bauelemente, sondern abstrahiert in Form definierter Symbole für die einzelnen Bauelemente und deren elektrische Verbindung.

Schaubild (S. 72)
Ein Schaubild (auch als „Diagramm" bezeichnet) ist eine grafische Darstellung von statistischen Daten oder Zusammenhängen.

Schutzmaßnahme (S. 77)
Eine Schutzmaßnahme soll verhindern, dass Menschen mit hohen Spannungen in Berührung kommen und einen elektrischen Schlag erleiden.

Schutzschalter (S. 76, 77)
Ein Schutzschalter schaltet beim Überschreiten von zulässigen Strom- oder Spannungswerten den Stromkreis ab.

Sekundärenergie (S. 68, 69)
Die Sekundär- oder auch Gebrauchsenergie ist in Energieträgern gespeichert, die bereits aus einem Energieumwandlungsprozess von Primärenergieträgern gewonnen wurden. Es sind solche Energieformen wie Dampf, veredelte Brennstoffe (Koks, Benzin) oder die Elektroenergie aus Kraftwerken.

Serienschaltung (S. 109)
Eine Serienschaltung ist eine elektrische Grundschaltung der Installationstechnik. Mit einem Schalter können mehrere Lampen unabhängig voneinander ein- und ausgeschaltet werden. Die Schaltung wird unter anderem in Wohnzimmern für Leuchter mit mehreren Lampen eingesetzt.

Sicherheitszeichen (S. 11, 14)
Sicherheitszeichen dienen der Arbeitssicherheit und dem Gesundheitsschutz am Arbeitsplatz. Sie befinden sich an ausgewählten Stellen in Arbeitsräumen und weisen auf Besonderheiten oder eventuelle Gefahren hin.

Sicherung (S. 76, 77, 108)
Sicherungen sind elektrische Schaltgeräte, die einen elektrischen Stromkreis bei Kurzschluss oder längerem Überstrom selbsttätig unterbrechen.

Signale (S. 130, 131)
In elektronischen Schaltungen werden Signale durch die elektrische Größe Spannung dargestellt.

Skizze (S. 20, 22)
Die technische Skizze ist eine nicht unbedingt maßstäbliche, vorwiegend freihändig erstellte technische Darstellung.

Software (S. 155, 157)
Software umfasst die in einem Computer ausführbaren Programme und die zugehörigen Daten. Sie dient dazu, Aufgaben zu erledigen.

Solarthermie (S. 102)
Unter „Solarthermie" versteht man die Umwandlung der Sonnenenergie in nutzbare thermische Energie (Wärmeenergie).

Solarzelle (S. 103, 104)
Eine Solarzelle ist ein elektrisches Bauelement, das Sonnenlicht direkt in elektrische Energie umwandelt. Die Anwendung der Solarzelle ist die ▶ Fotovoltaik.

Glossar

Sonnenkollektor (S. 84, 102)
In Sonnenkollektoren wird die von der Sonne ausgestrahlte Energie direkt in Wärme umgewandelt, welche zur Brauchwassererwärmung, Heizungsunterstützung oder Schwimmbaderwärmung genutzt werden kann.

Spannung (S. 69, 75, 77, 79, 94, 103, 108, 111)
Die elektrische Spannung U ist eine elektrophysikalische Grundgröße, die in Volt (V) gemessen wird.

Sperrholz (S. 55)
Sperrholz ist ein Holzwerkstoff aus natürlichen Hölzern. Mehrere Holzlagen werden miteinander zu Platten verleimt. Damit die Platten sich nicht verziehen, liegen die Holzfasern der einzelnenen Schichten in einem rechten Winkel zueinander.

Stand-by-Modus (S. 78–81, 84)
Stand-by-Modus oder auch „Bereitschafts-" bzw. „Wartebetrieb" ist der Zustand eines technischen Gerätes, in dem die Nutzfunktion zeitweise nicht aktiv ist. Das Gerät kann aber jederzeit und ohne Vorbereitungen oder längere Wartezeiten wieder aktiviert werden.

Stromkostenmessgerät (S. 79)
Stromkostenmessgeräte informieren über eine momentane Leistungsaufnahme von elektrischen Geräten und summieren sie über die Betriebszeit zur elektrischen Energie (Kilowattstunden).

Stromstärke (S. 77, 79, 103)
Die elektrische Stromstärke wird oft auch einfach nur „Strom" genannt. Sie ist eine elektrophysikalische Grundgröße, die in Ampere (A) gemessen wird.

Stückliste (S. 29)
Werden mehrteilige Arbeitsgegenstände hergestellt, benötigt man eine Stückliste. In ihr werden wichtige Informationen über alle Einzelteile des Arbeitsgegenstandes übersichtlich dargestellt.

Technik (S. 63, 106)
Das Wort „Technik" kommt aus der griechischen Sprache. Das griechische Wort *téchne* bedeutet so viel wie Kunst, Handwerk, Kunstfertigkeit. Technik umfasst die Gesamtheit der von Menschen gemachten Gegenstände (Maschinen, Geräte, Apparate usw.).

Telekommunikation (S. 128, 157)
Unter dem Sammelbegriff „Telekomminikation" werden alle Aspekte der Nachrichtenübertragung mit Mitteln der elektrischen Nachrichtentechnik zusammengefasst.

Treibhauseffekt (S. 91)
Durch den Treibhauseffekt kommt es zum Aufheizen der Atmosphäre. Beim Treibhauseffekt bleibt die Wärmestrahlung, die von der Erdoberfläche zurückgeworfen wird, durch reflektierende Gase in der Atmosphäre (z.B. Kohlenstoffdioxid = CO_2).

Trennen (S. 38, 39, 40, 42, 44, 45)
Trennverfahren sind Fertigungsverfahren, bei denen die Form eines Werkstücks durch Aufheben des Werkstoffzusammenhalts an der Bearbeitungsstelle geändert wird. Typische Trennverfahren sind Schleifen, Sägen, Feilen und Bohren.

Turbine (S. 94, 95, 97–99, 104)
Eine Turbine (lat. *turbare* = drehen) ist eine Maschine, die die Energie einer strömenden Flüssigkeit in Rotationsenergie und letztlich in mechanische Antriebsenergie umwandelt.

Überlastung (S. 76)
Überlastung eines Stromkreises tritt auf, wenn aus einem Stromkreis mehr elektrische Leistung entnommen wird als die Sicherung zulässt. Aus einem Stromkreis, der mit 10 A abgesichert ist, lassen sich 2300 Watt Leistung entnehmen. Bei darüber hinausgehender Leistungsabnahme wird die Sicherung abschalten, sodass keine Schäden auftreten.

Umformen (S. 38)
Umformverfahren sind Fertigungsverfahren, bei denen Werkstücke aus festen Rohteilen durch bleibende Formänderung erzeugt werden. Die Masse des Werkstücks ändert sich dabei nicht. Ein typisches Umformverfahren ist das Biegen.

Verlustfaktor (S. 83)
Bei der Umwandlung einer Energieform in eine andere treten stets Verluste auf. Mit „Verlust" ist hierbei die Energie gemeint, die sich unerwünscht beispielsweise in Wärme umwandelt. Der Verlustfaktor beinhaltet, wie groß die Verluste bei derartigen Umwandlungsprozessen sind.

Vorrichtung (S. 51)
Vorrichtungen sind spezielle Arbeitsmittel, die für häufig wiederkehrende Arbeiten angefertigt werden. Oft sind sie aber auch unverzichtbare Hilfsmittel, um Arbeiten in hoher Qualität durchzuführen. Ein einfaches Beispiel für eine Vorrichtung ist eine Sägelade.

Wärmekraftwerk (S. 64, 94, 95)
Ein Wärmekraftwerk wandelt thermische Energie (Wärme) teilweise in elektrische Energie um.

Wärmepumpe (S. 100, 101)
Die Wärmepumpe nutzt Wärme aus dem Erdreich, dem Grundwasser oder der Luft, um sie für Heizung und Warmwasser einzusetzen.

Wasserkraftwerke (S. 75, 97)
In einem Wasserkraftwerk wird die kinetische Energie (Bewegungsenergie) des Wassers in mechanische Energie bzw. elektrische Energie umgewandelt. Unterschieden werden Laufwasser-, Speicherwasser- und Gezeitenkraftwerke.

Glossar

Web (S. 157)
Das World Wide Web (kurz: „Web") ist ein über das Internet abrufbares System von elektronischen Textdokumenten, die miteinander verknüpft sind und über so genannte „Protokolle" übertragen werden. Zur Nutzung des World Wide Web wird ein Webbrowser benötigt, der die Daten vom Webserver holt und zum Beispiel auf dem Bildschirm anzeigt.

Web 2.0 (S. 159)
Beim Web 2.0 geht es nicht mehr nur wie beim Web um die reine Verbreitung von Informationen und um den Verkauf von Produkten durch Websitebetreiber, sondern um die Beteiligung der Nutzer am Web.

Wechselschaltung (S. 109)
Eine Wechselschaltung ist eine elektrische Grundschaltung der Installationstechnik. Mit zwei Schaltern können von verschiedenen Orten Lampen unabhängig voneinander ein- und ausgeschaltet werden. Die Schaltung wird vor allem in Fluren und Durchgangszimmern eingesetzt.

Wechselstromzähler (S. 65, 71)
Der Wechselstromzähler, oft auch als „Drehstromzähler" oder nur „Stromzähler" bezeichnet, ist ein Messgerät zur Erfassung der Menge der gelieferten bzw. verbrauchten elektrischen Energie.

Werkstattordnung (S. 12)
Der Unterrichtsraum für das Fach Technik ist eine Werkstatt. Diese Werkstatt unterscheidet sich vom „normalen" Klassenraum durch die Anordnung der Arbeitsplätze sowie durch die Ausstattung mit Maschinen und Werkzeugen. Die Werkstattordnung regelt das Verhalten im Technikraum, um durch sicherheitsbewusstes Arbeiten Unfälle zu vermeiden.

Werkstoff (S. 28, 29)
Werkstoffe sind Materialien, die technisch genutzt werden. Es sind also Materialien, die der Herstellung eines Produktes dienen. Unterschieden werden beispielsweise Holzwerkstoffe und metallische Werkstoffe.

Werkzeug (S. 8, 29)
Ein Werkzeug ist ein Arbeitsmittel, mit dem auf den Arbeitsgegenstand eingewirkt wird (z. B. Reißnadel, Hammer, Feile, Säge).

Widerstand
Als „elektrischer Widerstand" wird sowohl ein Bauelement als auch die elektrophysikalische Grundgröße R, die in Ohm (Ω) gemessen wird, bezeichnet. Er ist ein Maß dafür, welche elektrische Spannung erforderlich ist, um einen bestimmten elektrischen Strom durch einen elektrischen Leiter (Widerstand) fließen zu lassen.

Windkonverter
▶ Windkraftwerk

Windkraftwerk (S. 95, 96)
Ein Windkraftwerk, auch als „Windkraftanlage" oder auch „Windkonverter" bezeichnet, besteht im Wesentlichen aus dem Windrad oder ▶ Rotor und dem Generator, der mit dem Rotor über eine gemeinsame Achse verbunden ist. Der Rotor ist ein Energiewandler, der die Bewegungsenergie der Luft in Rotationsenergie umwandelt und als Drehbewegung zur Verfügung stellt.

Wirkungsgrad (S. 75, 85)
Das Verhältnis zwischen genutzter und zugeführter Energie wird als Wirkungsgrad bezeichnet. Der Begriff wird verwendet, um die Effizienz von Energiewandlungen, aber auch von Energieübertragungen zu beschreiben. Er wird in Prozent oder dimensionslos von 0 bis 1 angegeben.

Stichwortverzeichnis

Absorber 102
Agrargesellschaft 119, 120
Akkumulator 154
Algorithmus 144, 145
analog 131
Analyse 162
Anschlagwinkel 36
Ansicht 26, 32
Anwendungsprogramm 160
App 155
Arbeitsablauf 31
Arbeitsablaufplan 29
Arbeitsaufgabe 9, 10
Arbeitskleidung 9
Arbeitsmittel 8
Arbeitsplanung 34
Arbeitsplatz 10, 12
Arbeitsschutz 51
Arbeitstätigkeit 10
ASCII-Code 143
Atomkraft 99
Aufriss 31
Ausschaltung 109
Automatisieren 67, 70

Basis 137
BCD-Code 142
Beizen 48, 49
Beleuchtungsstärke 112
Belichtungsmesser 112
Bemaßung 25, 27
Bemaßungsregeln 23
Betriebsbesichtigung 30
Betriebserkundung 30
Betriebsprogramm 160
Bewegungsenergie 69
Bezugskante 37
binär 149
Biogasanlage 98
Biomasse 98
Bit 142
Blinklicht 165
Bohren 44
Boole'sche Algebra 142
Braunkohle 93
Busstruktur 156
Byte 142

CAD 147
CAM 147
Chemische Energie 69
Chip 138
CIM 147
Client 156
CNC-Werkzeugmaschine 146
CO_2-Kreislauf 98
Code 131, 142, 143
Computer 21

da Vinci, Leonardo 87
Dampfturbine 95, 104
Detailskizze 20
Dienstleistungsgesellschaft 120
digital 131
Display 142, 154
Domino 16
Draufsicht 26
Dübeln 46
Dynamo 94

E-Mail 157
Edison, Thomas Alva 108
Emitter 137
Empfänger 130, 131
Endenergie 69
Energiebedarf 70, 114
Energiebilanz 82, 99
Energieerzeugung 64
Energiegewinnung 64
Energiekostenmessgerät 79, 80
Energiemix 90, 93
Energiesparlampe 110
Energieträger 68, 90, 93, 102
Energieumwandlung 95
Energieverbrauch 64, 65, 80
Energievorräte 92, 93
Entwurfsskizze 20
Erdgas 93
Erdöl 90, 93
Erdwärme 100
Erfindungen 119, 123
Erkundung 30
Erneuerbare-Energien-Gesetz 84
Erste Hilfe 11
Erwärmung, globale 91
EVA-Prinzip 155, 161
Experiment 116

Fahrradcomputer 139
Faraday, Michael 95
Fassung 110
Fehlersuche 172
Feile 42, 43
Feilen 43
Feinsäge 10, 40, 41
Fertigungsverfahren 38
Flachwinkel 37
Formmaß 27
Forstnerbohrer 44
fossil 68, 90, 93, 102
Fotovoltaik 103
FTP 157
Fügeverfahren 46, 47
Funktionsmodell 105
Funkzelle 153

Gatter 142
Gebotszeichen 11
Gebrauchswert 81
Gedächtnisspiel 13
Gehrungssäge 40
Generator 94, 95, 96, 97, 99
Geothermie 100
Gezeitenkraftwerk 97
Gleichrichter 135
Glühlampe 110
Gondel 96
Griffformen 55
Grundmaß 27
Gründung 96

Halogenlampe 110
Handy 154, 155
Hantieren 67, 70
Hardware 160
Hauptansicht 26
Haushaltsgeräte 76, 77
Heizung 75
Helligkeit 112
Hiebweite 42
Holzspiralbohrer 44
Hypothese 116

Induktion 95
Industrialisierung 120
Industriegesellschaft 119, 120, 122
Information 128, 130
Informationskette 130, 131
Informationsübertragung 128, 130
Innovation 122, 123, 124
Integrierte Schaltung 138
Internet 157, 158
Internetprotokoll 157

Kapazität 133
Keil 40, 41
Kernenergie 69, 99
Kinetische Energie 69
Kleben 46
Klemmen 46
Klimaschutz 85, 91
Kollektor 102
Kollektor 137
Kommunikation 128, 130
Kondensator 95
Kraft-Wärme-Kopplung 85
Kraftwerk 84, 85, 94, 95, 97, 98, 99, 101
Kriterien 18
Kugellabyrinth 18, 19
Kühlturm 95

Stichwortverzeichnis

Kurzschluss 76
Kyoto-Protokoll 91

Lackieren 48, 49
Lagemaß 27
Lagerstätten 93
LAN 156
Laststrom 137
Laubsäge 40, 50
Laufwasserkraftwerk 97
LDR-Steuerung 165
LED-Lampe 110
Leimen 47
Leistung 78, 86
Leiterbahn 138
Leiterplatte 138, 150
Lernspiel 13
Lichterzeugung 136
Lichtstrom 112
Linienart 23
Lochstreifen 146
logische Schaltung 142, 168
Lösungsmittel 49
Lumen 112
Lux 112
Luxmeter 112

Maßarten 27
Maßeintragung 25
Massenmedien 129
Maßlinie 23, 25
Maßstab 36, 37
Mechanische Energie 69
Mechanisieren 67, 70
Metallbügelsäge 40, 50
Mindmap 34
Mobilfunknetz 152, 153
Mobiltelefon 152, 154
Modell 105
Morsealphabet 130

Nageln 46, 47
Nähen 46
Netztopologie 156
Netzwerk 156, 157
Nieten 46
Normschrift 23
Not-Aus-Taster 11
Nullkante 36
Nutzenergie 69, 70

Ölpreis 92
Oszilloskop 172

Perpetuum Mobile 87
Pinsel 48
Platine 150, 155
Potentiometer 132

Primärenergie 68, 69
Primärenergieträger 85
Primärenergieverbrauch 90
Pro- und Kontra-Diskussion 106
Produkteigenschaften 81
Programm 147
Programmablaufplan 145
Programmiersprache 145
Prozessor 143, 155

Qualität 18

radioaktiv 99
Raspel 42
Reaktor 99
Recherche 104
Rechter Winkel 36, 37
Reedkontakt 139
regenerativ 101
Reichweite 93
Reißnadel 37
Repowering 96
Rettungszeichen 11
Ringtopologie 102
Roboter 116
Rotor 96
Rückhub 50

Sägeblatt 40, 41
Sägelade 41, 51
Sägen 10, 40
Schalter 108
Schaltung 109
Schaubild 72
Schleifen 49
Schleifklotz 45
Schleifleinen 45
Schleifpapier 45
Schrägsicht 26
Schrauben 46, 47
Schraubstock 51
Schutzisolierung 77
Schutzklassen 77
Schutzkleinspannung 77, 109
Schutzkontakt 77
Schutzmaßnahme 77
Schweißen 46
Seitenansicht 26
Sekundärenergie 68, 69
Selbstversorgerhaushalt 121
Sender 130, 131
Senker 44
Serienschaltung 109
Server 150
Sicherheit 11
Sicherheitszeichen 11, 14
Sicherung 76
Signal 130, 131

Signalfluss 130
Signalzeitplan 144
SIM-Karte 154, 155
Skizze 20, 22, 24
Skizzenblatt 23
Smartphone 154, 155
SMS 152
Software 160
Solaranlage 102
Solarkollektor 101
Solarzelle 103
Spannung 78, 86
Spannungsprüfer 86
Spannungsteiler 141
Speicherwasserkraftwerk 97
Sperrholz 55
Spiralbohrer 44
Stand-by-Modus 78, 79
Ständerbohrmaschine 45
Starter 111
Steckspiel 28
Steinbohrer 44
Steinkohle 93
Sterntopologie 156
Steuerstrom 137
Strahlungsenergie 69
Strom 87
Stromfresser 70
Stromkreis 76
Strompreise 72
Stromverbrauch 64
Stückliste 28, 29, 59
Suchmaschine 158

Technikentwicklung 121, 123, 128, 129
Technikfolgen 126
Technische Skizze 22, 24
Technische Systeme 162
Technische Zeichnung 20, 22, 23
Technologie 122, 125
Telefon 152, 154
Telegramm 152
Theorie der langen Wellen 122
Thermische Energie 69
Tortendiagramm 72, 90, 91
Touchscreen 154
Tranistorschaltstufe 164
Treibhausgase 91
Trennverfahren 39
Trennwerkzeuge 39
Turbine 97, 98, 99
Typenschild 76, 111

Umspanner 95
Umweltschutz 105
Unfall 76

181

Stichwortverzeichnis

Untersicht 26
Uran 93

Verbotszeichen 11
Vergabehaushalt 121
vermaschte Topologie 156
verschlüsseln 131
Vielfachmessgerät 86
Virenschutz 160
VoIP 157, 161
Volta, Alessandro 103
von Alexandrien, Heron 104
Vorderansicht 26

Wabenstruktur 153
Wachsen 48, 49
Warentest 81, 88
Wärmeenergie 69
Wärmekraftwerk 95
Wärmepumpe 100
Warnzeichen 11
Wasserkraft 97
Web 2.0 159
Wechselschaltung 109
Wechselstromzähler 65, 71
Weichlöten 46
Werkstatt-Ordnung 12
Werkstattfertigung 31
Werkzeug 16

Windkonverter 96
Windkraftanlage 96
Windmühle 96
Wirkungsgrad 75, 114
Wirtschaftssektor 118, 119, 121, 124
Wissensgesellschaft 120, 122
WLAN 156
World Wide Web 157
Würfelergebnisse 167

Zeichen 128, 130
Zeitstrahl 122, 128, 129
Zerspanungsmechaniker 146

Bildquellenverzeichnis

Cover: Shutterstock/© Elena Elicceeva; S. 8: Michael Lenk, Malter; S. 10 (l.): Matthias Künzel, Weißenfels; S. 10 (r.): Heidi Traue, Weißenfels; S. 11 (u.l., u.r.): Michael Lenk, Malter; S. 12: Berna Cekinmez, Berlin; S. 14 (l.): Thorsten Henning-Wikipedia-gemeinfrei, Epop-Wikipedia-gemeinfrei; S. 14 (o.r.): Dieter Mette, Falkensee; S. 14 (M.r.): © Nik-Fotolia.com; S. 14 (u.): picture-alliance/akg-images; S. 15 (o.l.): © Stefan Müller-Fotolia.com; S. 18, 19, 20, 28: Christian Vater, Bad Überkingen; S. 30 (l.): © Baevskiy Dmitry-shutterstock.com; S. 30 (r.): © Olaf Speier-shutterstock.com; S. 31: Karl-Heinz Bernhardt, Potsdam; S. 33: Marko Knoll, Berlin; S. 35: Heidi Traue, Weißenfels; S. 36: Anna Dobis, Potsdam; S. 39: Heidi Traue, Weißenfels; S. 40 (o.l.): Berna Cekinmez, Berlin; S. 40 (m.m.): © fefufoto-Fotolia.com; S. 40 (o.m.): © aleksvf-Fotolia.com; S. 40 (o.r.): © andybckmn-Fotolia.com; S. 40 (u. 1–4): Christian Vater, Bad Überkingen; S. 41 (o.r., o.l., u.l.): Olaf Czech, Potsdam; S. 41 (u.r.): Anna Dobis, Potsdam; S. 42 (o.l.): © PRILL-shutterstock.com; S. 42 (o.r.): © Gemenacom-shutterstock.com; S. 42 (m., u.): Christian Vater, Bad Überkingen; S. 44 (o.l.): © cre250-Fotolia.com; S. 44 (o.2.v.l.): © cre250-Fotolia.com; S. 44 (o.3.v.l.): © womue-Fotolia.com; S. 44 (o.4.v.l.): © rupbilder-Fotolia.com; S. 44 (o.r.): © Denis Junker-Fotolia.com; S. 44 (u. 1–5): Christian Vater, Bad Überkingen; S. 45: Heidi Traue, Weißenfels; S. 47: Christian Vater, Bad Überkingen; S. 48 (o.l.): Michael Lenk, Malter; S. 48 (o.r.): Heidi Traue, Weißenfels; S. 48 (u.l.): Michael Lenk, Malter; S. 49 (o.l.): Sascha Meier, München; S. 49 (o.r.): © Taiga-Fotolia.com; S. 49 (u.l.): © kelly marken-Fotolia.com; S. 49 (u.r.): © Ingo Bartussek-Fotolia.com; S. 50 (l.): © Peter Schlauderer-Fotolia.com; S. 50 (m.): © COCOART-Fotolia.com; S. 50 (r.): © M. Schuppich-Fotolia.com; S. 51 (o., M.): Anna Dobis, Potsdam; S. 55: Jürgen Kulus, Potsdam; S. 56 (o.): © Luise-pixelio.de; S. 56 (u.): Anna Dobis, Potsdam; S. 57 (1–4): Anna Dobis, Potsdam; S. 57 (u.): Jürgen Kulus, Potsdam; S. 58: Anna Dobis, Potsdam; S. 59 (l.o., r.o.): Anna Dobis, Potsdam; S. 59 (r.u.): Berna Cekinmez, Berlin; S. 59 (l.u.): Sascha Meier, München; S. 60 (o.l.): © Nik-Fotolia.com; S. 60 (o.r.): © Aksenenko Olga-shutterstock.com; S. 60 (m.): Berna Cekinmez, Berlin; S. 60 (u.): Berna Cekinmez, Berlin; S. 61 (1–4): Berna Cekinmez, Berlin; S. 63: picture-alliance/dpa © dpa; S. 64.1: picture-alliance/ZB/euroluftbild.de; S. 64.2: BP Deutschland SE; S. 64.3: Fotolia.com/© Mckee; S. 64.4: Fotolia.com/© Stefan Redel; S. 65.1: picture-alliance/Gladys Chai von der Laage; S. 65.2: Deutsche Gesellschaft für Ernährung e. V., Bonn; S. 65.3: Fotolia.com/© Alexander Mirokhin; S. 65.4: Vattenfall Europe AG; S. 66.1: picture-alliance/dpa © dpa-Bildarchiv; S. 66.2: Miele, Gütersloh; S. 67.1: Miele, Gütersloh; S. 67.2: Fotolia.com/© Sashkin; S. 69.1: RAG Aktiengesellschaft; S. 69.2: Fotolia.com/© Andrej Siemens; S. 69.3: Fotolia.com/© by-studio; S. 69.4: Fotolia.com/© Birgit Reitz-Hofmann; S. 70 A.1: picture-alliance/Süddeutsche Zeitung Photo; S. 70 A.2: picture-alliance/ZB © dpa; S. 70 A.3: picture-alliance/ZB © dpa; S. 70 B: picture-alliance/dpa-infografik © dpa-infografik; S. 71 C: Vattenfall GmbH, Medienkommunikation, Berlin; S. 71 D: www.CartoonStock.com; S. 73: Fotolia.com/© AlexAvich; S. 75.1: Fotolia.com/© svort; S. 75.2: Philips Deutschland GmbH, Hamburg; S. 75.3: SolarWorld AG, Bonn; S. 75.4: picture-alliance/dpa © dpa; S. 75.5: Fotolia.com/© Smileus; S. 75.6: picture-alliance/Bildagentur Huber; S. 75.7: picture-alliance/ZB/euroluftbild.de; S. 75.8: picture-alliance/JOKER; S. 77.1: Sascha Meier, Beelitz; S. 78.1: Fotolia.com/© salzlandfoto; S. 78.2: Philips Deutschland GmbH, Hamburg; S. 78.3: Bernd Meier, Beelitz; S. 78.4: Philips Deutschland GmbH, Hamburg; S. 79.1–2: Jürgen Kulus, Potsdam; S. 86 A 1–3: Jürgen Kulus, Potsdam; S. 86 B: Stiftung Haus der Geschichte, Bonn/Jupp Wolter (Künstler); S. 87 C.1: Deutsches Museum, München; S. 87 C.2: Fotolia.com/© TimurD; S. 89: Getty Images/Sean Gallup; S. 90: AG Energiebilanzen; S. 91: Axel Springer Infopool/Infografik DIE WELT vom 18.06.2009: „Die größten Energieverbraucher der Welt"; S. 93.2 – 3: RWE Dea AG; S. 94.1: picture-alliance/Rainer Hackenberg; S. 94.2–3: Jürgen Kulus, Potsdam; S. 96.1: Vision Photos/Axel Kull; S. 97.1: Bernd Meier, Beelitz; S. 99 Logo: OOA Fondation - smilingsun.org; S. 100.1: Neues Freizeitbad Nass Arnsberg GmbH; S. 100.2: RWTH, Achen/Foto: Peter Winandy; S. 102.1: Jürgen Kulus, Potsdam; S. 102.3: Jürgen Kulus, Potsdam; S. 103.2: Jürgen Kulus, Potsdam; S. 104 A: Jürgen Kulus, Potsdam; S. 105 C: Christiane Pfohlmann, Landsberg; S. 105 D: Jürgen Kulus, Potsdam; S. 106: akg-images, Berlin; S. 107: Peter Wirtz, Dormagen; S. 108.1–7: Jürgen Kulus, Potsdam; S. 109.1–7: Jürgen Kulus, Potsdam; S. 110.1–6: Jürgen Kulus, Potsdam; S. 111.1.1–2: Jürgen Kulus, Potsdam; S. 111.2–3: Jürgen Kulus, Potsdam; S. 112.3: Jürgen Kulus, Potsdam; S. 113.1–4: Jürgen Kulus, Potsdam; S. 114.2: Fotolia.com/© fefufoto; S. 114.3: Fotolia.com/© Imaginis; S. 117: Fotolia.com/© boje10; S. 118.1: picture-alliance/akg-images; S. 118.2: akg-images/North Wind Picture Archive; S. 118.3: bpk-images/Friedrich Seidenstücker; S. 119.1: picture-alliance/akg-images; S. 119.2: bpk-images/Dietmar Katz; S. 119.3: picture-alliance/akg-images; S. 119.4: bpk-images/Dietmart Katz; S. 120.1: Fotolia.com/© windu; S. 120.2: picture-alliance/Klaus Rose; S. 120.3: Fotolia.com/© contrastwerkstatt; S. 120.4: Fotolia.com/© mekcar; S. 121.1: bpk-images; S. 124.1: picture-alliance/akg-images; S. 125.1: Shutterstock/© Jirsak; S. 125.2: Andreas Pfeifle, Büttelborn; S. 127.1: Shutterstock/© JNT Visual; S. 132.1: Jürgen Kulus, Potsdam; S. 133.3: Jürgen Kulus, Potsdam; S. 135.1: Jürgen Kulus, Potsdam; S. 135.2: Jürgen Kulus, Potsdam; S. 137.1: Jürgen Kulus, Potsdam; S. 138.1: Jürgen Kulus, Potsdam; S. 138.3: Siemens Corporate Archives; S. 139: Jürgen Kulus, Potsdam; S. 140.1: Jürgen Kulus, Potsdam; S. 140.3: Jürgen Kulus, Potsdam; S. 141.1: Jürgen Kulus, Potsdam; S. 144.1: picture-alliance/dpa © dpa-Report; S. 146.1: Werner Bachmeier, Ebersbach; S. 146.2: vhf camfacture AG, Ammerbuch; S. 146.3: Jürgen Kulus, Potsdam; S. 148.1: picture-alliance/BeckerBredel; S. 148.2: ABUS Tür & Haus Funk-Videosystem Eycasa © ABUS Security-Center GmbH & Co. KG/www.abus.com; S. 148.3: Shutterstock/© Zern Liew; S. 149.1: Shutterstock/© dramaj; S. 149.2: Shutterstock/© Igor Shikov; S. 149.4: picture-alliance/akg-images; S. 151: Shutterstock/© withGod; S. 152.1: picture-alliance/akg-images; S. 152.2: Fotolia.com/© flori0; S. 152.3: Fotolia.com/© Marius Graf; S. 152.4: picture-alliance/dpa Themendienst; S. 154.1: Shutterstock/© Maxx-Studio; S. 154.2: Fotolia.com/© Vierra; S. 154.3: Shutterstock/© Natale Matt; S. 154.4: Shutterstock/© dencg; S. 154.5: Onlinemagazine www.teltarif.de, Berlin; S. 155.1–4: Onlinemagazine www.teltarif.de, Berlin; S. 158 o. li.: Shutterstock/© Alexander Raths; S. 163.1: Johannes Lehmke, Recklinghausen; S. 164.1: picture-alliance/chromorange/Karl-Heinz Spremberg; S. 170.1: Jungheinrich Aktiengesellschaft; S. 171.2: Johannes Lehmke, Recklinghausen

Textquellenverzeichnis

S. 125　Orio Giarini & Patrick M. Liedtke, Wie wir arbeiten werden. Der neue Bericht an den Club of Rome. Aus dem Englischen von Klaus Fritz und Norbert Juraschitz. Hoffmann & Campe, 1998

Impressum

Redaktion: Elisabeth Dorner, Berlin; Dr. Frank Erzner, Berlin
Illustration: Cleo-Petra Kurze, Berlin; Klaus Puth, Mühlheim
Grafik: Klaus Puth, Mühlheim; Detlef Seidensticker, München; Axel Weiß, Obernbreit
Umschlagkonzept: Mendell & Oberer, München
Umschlagfoto: Shutterstock/© Elena Elicceeva
Umschlaggestaltung: X-Design, München
Layoutkonzept: grundmanngestaltung, Karlsruhe
Technische Umsetzung: fidus Publikations-Service GmbH, Nördlingen

www.oldenbourg-bsv.de
Die Webseiten Dritter, deren Internetadressen in diesem Lehrwerk angegeben sind, wurden vor Drucklegung sorgfältig geprüft. Der Verlag übernimmt keine Gewähr für die Aktualität und den Inhalt dieser Seiten oder solcher, die mit ihnen verlinkt sind.

1. Auflage, 1. Druck 2015

Alle Drucke dieser Auflage sind inhaltlich unverändert
und können im Unterricht nebeneinander verwendet werden.

© 2015 Oldenbourg Schulbuchverlag GmbH, München

Das Werk und seine Teile sind urheberrechtlich geschützt.
Jede Nutzung in anderen als den gesetzlich zugelassenen Fällen bedarf
der vorherigen schriftlichen Einwilligung des Verlages.
Hinweis zu den §§ 46, 52a UrhG: Weder das Werk noch seine Teile dürfen ohne eine solche Einwilligung eingescannt und in ein Netzwerk eingestellt oder sonst öffentlich zugänglich gemacht werden.
Dies gilt auch für Intranets von Schulen und sonstigen Bildungseinrichtungen.

Druck: Firmengruppe APPL, aprinta Druck, Wemding

ISBN 978-3-637-02246-1

PEFC zertifiziert
Dieses Produkt stammt aus nachhaltig bewirtschafteten Wäldern und kontrollierten Quellen
PEFC/04-32-0928　www.pefc.de